Diplôme d'Aptitude
Pratique au Français

新版

仏検合格

熟語＋単語

マリ・ガボリオ
小石 悟

3級

SANSHUSHA

●音声ダウンロード・ストリーミング

1. PC・スマートフォンで本書の音声ページにアクセスします。

   https://www.sanshusha.co.jp/np/onsei/isbn/9784384060652/

2. シリアルコード「06065」を入力.
3. 音声ダウンロード・ストリーミングをご利用いただけます。

本書は 2018 年に第三書房から刊行されたものに加筆し、新版として刊行したものです。

はじめに

この本は仏検 3 級受験者または自分の語彙を増やしたい方を対象に作られています．したがって，仏検 3 級の問題に出てくる基本熟語表現・基本語彙を覚え，使えるようになることを目指しています．

まず過去 17 年間（2000 年～2017 年）の仏検の問題に出てきた全ての熟語表現をリストアップし，さらに 3 級で知っておくべきだと思われる表現・語彙を追加しました．次に，リストアップされた語彙を，覚えやすいように分類しました．勉強する場合は，順序に関係なく，自分に一番必要と思われるものから始めて構いません．

1. **日常的な口語表現**（見出し表現 220）
2. **基本熟語**（見出し語 265）
3. **テーマ別基本語彙**（見出し語 725）
4. **品詞別基本語彙**（見出し語 794）

まず語彙・熟語を記憶し，次に練習問題・例文を使って，自分の理解度をテストできるようになっています．テーマ別語彙・品詞別語彙リストによって，3 級合格に必要な基礎語彙を習得することもできます．

語彙を習得することは，外国語をマスターするためには最も基本的なことです．そのためにも，この本にある語彙・熟語，さらに言えば，それが使われている文全体を，記憶し，使ってみることを強くお勧めします．

著 者

■ 目 次 ■

1　日常的な口語表現

2　基本熟語

3　テーマ別基本語彙

4　品詞別基本語彙

5　索引

■ 本書の構成と使い方 ■

▶ 見出し語：
十数年にわたる仏検の過去問をデータベース化し，3 級で頻出する口語表現，熟語，単語を厳選しました．見出し語の左側には各章の通し番号とチェックボックスが付いています．重要な見出し語は，色付きのチェックボックスになっているので，優先的に覚えましょう．

1. 副詞句

1） 時間を表す副詞句 🎧 16

001 ☐ ☐	**à cette époque(-là)**	当時は = **à l'époque** ≒ **à ce moment-là** その時は
002 ☐ ☐	**à l'instant**	（未来について今）すぐに，（過去について）たった今

▶ 関連情報：
意味の下に，見出し語の同意語，反意語，類義語，関連語，補足説明，注意事項を適宜付けてあります．

▶ 意味：
仏検で狙われやすい意味，用法を載せ，赤字にしてあります．付属の赤セルシートを活用して下さい．ページの上に載せると，赤い文字部分が消えるので，覚えているのか，確認できます．

本書は，各章（口語表現，熟語，基本語彙）が，覚えやすいように**グループ分け**されています．それぞれのグループごとに学習していけば，効果的に記憶できるでしょう．見出し語（句）や表現は，その意味，例文中の見出し語とその日本語訳の中の見出し語に対応する部分を**赤字**にしてあります．**赤セルシート**をぜひ活用して，覚えましょう．ページの上に載せると，赤字部分が消えるので，記憶しているかどうかを確認できます．

「2　基本熟語」を例として

▶例文：
「基本熟語」には，熟語とその意味を効果的に覚えるために，各見出し語に例文を付けてあります．点線付の赤字部分が見出し語です．

▶和訳：
例文の右側に，その日本語訳があります．見出し語の意味にあたる部分は，点線付の赤字になっています．

À cette époque-là, nous étions plus heureux.	当時は，私たちはもっと幸せでした．
Attendez-moi. Je reviens à l'instant.	お待ち下さい．すぐに戻ってきます．

音声ファイルは，弊社のホームページから**無料でダウンロード**および**ストリーミング再生**ができます．
見出し語（句）（フランス語）→ 意味（日本語）（熟語は、さらに → **例文（フランス語）**）が収録されています（p.10「1. 挨拶」から p.169「4. 副詞」まで）．
音声を何度も聞き，繰り返し声に出して言うことで，**耳から音と意味をインプット**し，**リスニングやスピーキングの力**も付けることができます．
具体的には，**リピーティング**（再生機器のポーズボタンを利用の上，テキストを目で追いながら音声を聴き，リピート．慣れてきたら，テキストを見ずに，音声だけを聴いて，リピートしてみて下さい），**オーヴァーラッピング**（音声を聴き，テキストを目で追いながら，フランス語の音声に自分の声をかぶせて，同時に音読），さらには**シャドーイング**（テキストを見ずに，音声を聞きながら同時に聞こえた音をリピート）にチャレンジしてみて下さい．

▶ 本書の記号・略号 ◀

□ ☑　チェックボックス：覚えた表現・熟語・語彙にはチェックをつけられるようにしてあります．また，色の付いた□ ☑は，特に重要な語（表現）です（語義のところで，同意語（句），類義語（句），関連語（句），名詞・形容詞の女性形，複数形などをボールド体にしたものも含む）．優先的に覚えましょう．

［　］　言い換え可能：直前の語と置き換えられます．
（　）　省略可能
〈　〉　過去分詞

＝　同意語（表現）：同じ意味の語（表現）
≒　類義語（表現）：ほぼ同じ意味を持つ語（表現）
↔　反意語（表現）：反対の意味の語（表現）
▸　関連語（表現），女性形，複数形など
▹　補足説明
注　注意事項

[男]　男性形　　[女]　女性形　　[複]　複数形

＊名詞，形容詞の女性形で，原則として男性形に e を付けるものは，次のように表記しています．

ami(*e*)　　男性形が ami，女性形が amie.
content(*e*)　　男性形が content，女性形が contente.

1

日常的な口語表現

1. 挨拶

a. 会ったとき 🎧 01

☐	001	**Bonjour !**	おはよう！こんにちは！ ≒ **Salut !** やあ！
☐	002	**Bonsoir !**	こんばんは！
☐	003	**Ça fait longtemps !**	久しぶりだね！
☐	004	**Ça fait longtemps qu'on ne s'est pas vus !**	久しぶりだね！ずいぶん会いませんでしたね！
☐	005	**Ça va ?**	元気？ ≒ **Tu vas bien ?** 元気ですか？
☐	006	**– Bien, merci.**	元気です．ありがとう．
☐	007	**– Pas mal.**	まあね．
☐	008	**– Comme ci comme ça.**	まあまあ．
☐	009	**Comment allez-vous ?**	ご機嫌いかがですか？
☐	010	**– Je vais très bien, merci.**	とても元気です．ありがとうございます．
☐	011	**Enchanté(e).**	はじめまして． ▷ 日本語の「はじめまして」と異なり，本来は，「あなたとお知り合いになれて**うれしい**です」という意味なので，相手の名前を聞いてから言う．
☐	012	**Je suis très content(e) de vous voir.**	お会いできてとてもうれしいです．

☑ 013	**Quel beau [mauvais] temps !**	なんてよい［ひどい］天気！

b.　別れるとき　🎧 02

« À ＋時の表現 » は，別れる際に「次に会いましょう」ということを表します．

☑ 014	**À bientôt !**	それではまた近いうちに！
☑ 015	**À demain !**	また明日！
☑ 016	**À la prochaine fois !**	それでは次回に！ ≒ **À la prochaine !**　じゃあ，また今度！
☑ 017	**À la semaine prochaine !**	それではまた来週！
☑ 018	**À plus tard !**	それではまたあとで！
☑ 019	**À tout à l'heure !**	それではまたあとで！
☑ 020	**À tout de suite !**	すぐあとで！
☑ 021	**Au revoir !**	さようなら！　≒ **Salut !**　じゃあ！
☑ 022	**Au revoir, tout le monde !**	皆さん，さようなら！
☑ 023	**Dis bonjour à tes parents !**	ご両親によろしく！

2.　願い・祝い

🎧 03

« Bon(ne) ＋名詞 » は，Je vous souhaite (un, une, de(s))... を簡単にした形で，相手に～を願うという表現です．

→ **Je vous souhaite une bonne année.**　新年おめでとうございます．

☑ 024	**À votre santé !**	乾杯！

☑	025	**Bon anniversaire !**	誕生日おめでとう！
☑	026	**Bon appétit !**	召し上がれ！いただきます！ ▷ 食事をする人に言う言葉
☑	027	**Bon après-midi !**	楽しい午後を！
☑	028	**Bon courage !**	がんばって！
☑	029	**Bon voyage !**	楽しい旅行を！
☑	030	**Bon week-end !**	楽しい週末を！
☑	031	**Bonne année !**	新年おめでとう！
☑	032	**Bonne chance !**	幸運を祈ります！
☑	033	**Bonne journée !**	よい１日を！
☑	034	**Bonne nuit !**	おやすみなさい！
☑	035	**Bonne soirée !**	楽しい夜を！
☑	036	**Bonnes vacances !**	よい休暇を！
☑	037	**(Toutes mes) félicitations !**	おめでとう！
☑	038	**Joyeux Noël !**	メリークリスマス！

3. お礼，お礼に対する返答

🎧 04

☑	039	**Ce n'est rien.**	なんでもありません．かまいません．
☑	040	**De rien.**	どういたしまして．
☑	041	**Je vous en prie.**	どういたしまして．
☑	042	**Je vous remercie.**	どうもありがとうございます．
☑	043	**Merci beaucoup.**	ありがとうございます．

☐ 044	**Merci beaucoup de nous avoir invités.**	（私たちを）ご招待いただきありがとうございます．
☐ 045	**Merci beaucoup de nous avoir répondu si vite.**	早速のお返事ありがとうございます．
☐ 046	**Merci, c'est gentil.**	どうもご親切に．
☐ 047	**Nous vous remercions de [pour] votre invitation.**	ご招待いただきありがとうございます．

4. 受諾

🎧 05

☐ 048	**Avec plaisir !**	喜んで！
☐ 049	**Bien sûr.**	もちろん．
☐ 050	**C'est (bien) ça.**	その通りです．
☐ 051	**C'est parfait.**	結構です．完璧です．
☐ 052	**C'est une bonne idée.**	それはいい考えです．
☐ 053	**Ça arrive souvent.**	それはよくあることです．
☐ 054	**D'accord.**	わかりました．
☐ 055	**Entendu.**	承知しました．
☐ 056	**Je vous le promets.**	あなたにそのことはお約束します．
☐ 057	**... n'est-ce pas ?**	～ね，～じゃないの？
☐ 058	**Oui, je veux bien.**	はい，いただきます．
☐ 059	**Pourquoi pas ?**	いいんじゃないですか？いいですね．

060	**Si tu veux.**	もし君がそうしたければ．
061	**Volontiers.**	喜んで．

5.　断り

🎧 06

062	**Ça ne m’intéresse pas.**	興味ありません．
063	**Impossible !**	ありえない！無理です！
064	**Non, désolé(*e*), je dois rentrer.**	いいえ，残念ですが，私は帰らなければなりません．
065	**Non, merci.**	いいえ，結構です．
066	**Pas question !**	論外です！とんでもありません！

6.　謝罪・謝罪に対する返答

🎧 07

067	**Ça ne fait rien.**	なんでもありません．かまいません．
068	**Ce n’est pas (de) ma faute.**	それは私のせいではありません．
069	**Ce n’est pas grave.**	大したことではありません．
070	**Excusez-moi.**	すみません．
071	**Excusez-moi de vous déranger.**	お邪魔して，すみません．
072	**Je regrette mais...**	残念ですが…
073	**Je suis (vraiment) désolé(*e*).**	すみません．（誠に）申し訳ありません．
074	**Je vous demande pardon.**	申し訳ありません．
075	**Pardon !**	ごめんなさい！

7. 返答

🎧 08

⧄	076	**Ah bon !**	あっ，そうですか！
⧄	077	**Aucun problème.**	まったく問題ありません．
⧄	078	**Aucune idée.**	まったくわかりません．
⧄	079	**C'est tout ce que je peux faire pour vous.**	私があなたのためにできることはこれだけです．
⧄	080	**Ça dépend.**	それは事情次第です．
⧄	081	**Ça m'est égal.**	かまいません．どちらでもいいです．
⧄	082	**C'est sûr ?**	それは確かですか？
⧄	083	**C'est vrai ?**	本当？
⧄	084	**Comme vous voulez.**	お好きなように． ▸ **Comme tu veux.**
⧄	085	**J'hésite...**	どちらにしようかなあ…
⧄	086	**Je sais mais...**	わかっているのですが…
⧄	087	**Mais non !**	とんでもない！ ▹ mais は答えの強調
⧄	088	**Mais oui !**	もちろん！ ▹ mais は答えの強調
⧄	089	**Mais si !**	とんでもない！ ▹ 否定疑問に対する肯定の答え
⧄	090	**Moi non plus.**	私もそうではありません． ↔**Moi aussi.** 私もそうです．
⧄	091	**Non, pas du tout.**	決してそんなことはありません．

⧄	092	**Oui, je crois.**	そう思います． ≒ **Oui, je pense.**
⧄	093	**Peut-être.**	たぶん．そうかもね．
⧄	094	**S'il vous [te] plaît.**	お願いします．
⧄	095	**Sans doute.**	おそらく．たぶんね．
⧄	096	**Sans faute.**	必ず．
⧄	097	**Si.**	はい．▷否定の疑問に肯定で答えるとき
⧄	098	**Tu trouves ?**	そう思いますか？

8. 意見

🎧 09

⧄	099	**C'est bon [mauvais] pour la santé.**	それは健康によい［悪い］．
⧄	100	**C'est terrible !**	大変だ！ひどい！怖ろしい！
⧄	101	**C'est très joli [mignon].**	とてもきれい［かわいい］．
⧄	102	**Ça me plaît beaucoup.**	それはとても気に入っています．
⧄	103	**Ça sent bon !**	いい匂い！
⧄	104	**Ça vous [te] va bien.**	とてもお似合いです．
⧄	105	**Ce film semble [a l'air] intéressant.**	この映画は面白そうですね．
⧄	106	**Ce n'est pas possible !**	まさか！
⧄	107	**Ce n'est pas vrai !**	冗談でしょう！まさか！
⧄	108	**Ce n'est pas compliqué.**	複雑ではないです．
⧄	109	**Ce n'est pas la peine.**	その必要はありません．

☐	110	**Ce n'est pas mal.**	悪くないですね．
☐	111	**C'était magnifique !**	見事でした！素晴らしかった！
☐	112	**Il vaut [vaudrait] mieux y aller en train.**	電車で行った方がよいです．
☐	113	**J'aime mieux ça.**	こちらの方が好きです．
☐	114	**Je suis contre.**	反対です．
☐	115	**Je suis pour.**	賛成です．
☐	116	**Je suis sûr(e) qu'il va pleuvoir.**	私はきっと雨になると思います．
☐	117	**On verra.**	(結果はわからないけど) やってみよう．今にわかりますよ．
☐	118	**Pas de chance !**	ついてないね！
☐	119	**Pas de problème.**	問題はない．大丈夫． ≒ **Aucun problème.**
☐	120	**Qu'est-ce que tu en penses ?**	それについて，どう思いますか？
☐	121	**Si c'est possible.**	もし可能なら．
☐	122	**Tu as raison.**	君の言う通りですよ． ↔ **Tu as tort.** 君は間違っています．

9. 気持ち

🎧 10

☐	123	**J'en ai assez !**	うんざりです！もうたくさん！ ≒ **C'est assez !**

124	**C'est dommage !**	残念です！
125	**Ça me fait vraiment plaisir.**	本当にうれしいです．
126	**Ça suffit !**	いい加減にして下さい！もうたくさん！
127	**Ça y est !**	やった！
128	**C'est dur !**	辛いですね！
129	**Formidable !**	素晴らしい！
130	**Je suis content(*e*) pour vous.**	それはよかった．
131	**Quelle (bonne) surprise !**	なんという（うれしい）驚きでしょう！
132	**Quelle chance !**	なんて運がいいんだ！
133	**Tant mieux !**	それはよかった！
134	**Tant pis !**	仕方がない！残念だ！

10. 誘い

11

135	**Allons-y ensemble.**	一緒に行きましょう． ≒ **On y va ensemble.**
136	**Ce sera pour une autre fois.**	また別の機会にしましょう． ≒ また次回にしましょう．
137	**J'ai envie d'aller au restaurant ce soir. Tu viens avec moi ?**	今晩外食したい．一緒に来る？
138	**On y va ?**	行きましょうか？

⧄	139	**Si on allait au cinéma ce soir ?**	今晩，映画に行きましょうか？
⧄	140	**Si on sortait cet après-midi ?**	今日の午後，外出しましょうか？
⧄	141	**Tu vas quelque part ce week-end ?**	この週末，どこかに行きますか？
⧄	142	**Tu veux boire quelque chose ?**	何か飲みたいですか？

11. 電話

🎧 12

⧄	143	**Allô, c'est de la part de qui ?**	もしもし，どちらさまですか？
⧄	144	**C'est occupé.**	話し中です．
⧄	145	**Ça ne répond pas.**	誰も出ません．
⧄	146	**Je peux laisser un message ?**	伝言をお願いできますか？
⧄	147	**Je rappellerai.**	またお電話します．
⧄	148	**Je voudrais parler à Clément.**	クレマンさんとお話したいのですが．
⧄	149	**Ne quittez pas(, je vous le [la] passe).**	そのままお待ち下さい．（おつなぎいたします．）
⧄	150	**Tu peux me rappeler ce soir ?**	今晩また電話してくれますか？
⧄	151	**Un moment, s'il vous plaît !**	ちょっとお待ち下さい！ ≒ **Un instant, s'il vous plaît !**
⧄	152	**Vous vous trompez de numéro.**	番号をお間違いです．

12. レストラン・カフェ・店など

13

⧄	153	**Alors, je le [la / les] prends.**	では，それにします．
⧄	154	**C'est tout(, merci).**	以上です．（ありがとうございます．）
⧄	155	**C'est à quel nom ?**	（レストランの予約など）お名前は？
⧄	156	**C'est bon marché !**	これは安いです！
⧄	157	**C'est combien ?**	おいくらですか？ ≒ **Je vous dois combien ?**
⧄	158	**C'est complet.**	満員です．
⧄	159	**C'est (un peu) cher, n'est-ce pas ?**	（少し）高いですね．
⧄	160	**Ça a l'air très bon.**	とてもおいしそうです．
⧄	161	**Ça coûte combien ?**	おいくらですか？ ≒ **Ça fait combien ?**
⧄	162	**Et avec ça ?**	他には？
⧄	163	**Et comme boisson, monsieur ?**	お飲み物は何にしましょう？
⧄	164	**Je ne sais pas quelle cravate choisir.**	どのネクタイを選んでいいのかわかりません．
⧄	165	**Je peux essayer ?**	試着していいですか？
⧄	166	**Je voudrais réserver une table pour 3 personnes.**	3人分の席を予約したいのですが．
⧄	167	**Je vous recommande ce menu.**	このコースをお勧めします．

168	**L'addition, s'il vous plaît.**	お勘定お願いします.
169	**La carte, s'il vous plaît.**	メニューをお願いします.
170	**Qu'est-ce que vous prenez (comme dessert) ?**	（デザートは）何になさいますか？
171	**Vous désirez ?**	（レストラン・カフェで）何になさいますか？（お店で）何かお探しですか？
172	**Vous êtes combien ?**	何名様でしょうか？
173	**Vous payez comment ?**	お支払い方法はどうなさいますか？
174	**Vous voulez autre chose ?**	他に何かいりますか？

13. その他

🎧 14

175	**À table !**	食事ですよ！
176	**Allez [Continuez] tout droit.**	このまま，まっすぐ行って下さい［進んで下さい］.
177	**Après vous, je vous en prie.**	お先にどうぞ.
178	**C'est à la mode.**	今，流行っています.
179	**C'est à quel endroit ?**	どこで？
180	**C'est à quelle date, ce concert ?**	そのコンサートは，期日はいつですか？
181	**C'est entre nous.**	それはここだけの話です．内緒ですよ.
182	**C'est gratuit.**	無料です.

183	**C’est trop tard.**	遅すぎる．手遅れです．
184	**Ça fait 5 ans que nous habitons ici.**	私たちはここに住んで５年になります．
185	**Ça fait combien de temps que vous habitez ici ?**	あなたはここに住んでどれくらいになりますか？
186	**Ça marche, ton travail ?**	仕事はうまくいっていますか？
187	**Ça ne marche pas.**	うまくいかない．
188	**Ça vous va ?**	あなたの都合に合いますか？
189	**Ça y est. C’est fini.**	さあできた．これで終わりだ．
190	**Comme ça.**	こんなふうに．
191	**De quoi parlez-vous ?**	何を話しているのですか？
192	**« Défense de fumer »**	《禁煙》
193	**Dépêche-toi !**	急いで！
194	**Encore une fois, s’il vous plaît.**	もう一度，お願いします．
195	**Fais attention !**	気をつけてね！注意して！
196	**Fais comme ça.**	こんなふうにやってごらん．
197	**Faites comme chez vous.**	おくつろぎ下さい．
198	**Faites comme vous voulez.**	お好きなようにして下さい．
199	**Il y a du monde.**	たくさんの人がいます．
200	**J’ai [J’avais] mal compris.**	誤解していました．
201	**J’ai trop mangé.**	食べ過ぎました．
202	**J’ai une nouvelle à t’annoncer.**	あなたにお知らせすべきニュースがあります．

203	**J'ai une petite chose [un petit service] à vous [te] demander.**	ちょっとお願いしたいことがあります.
204	**J'arrive !**	すぐ行きますよ！
205	**Je dors mal ces jours-ci.**	近頃よく眠れません.
206	**Je n'ai pas bien compris.**	よくわかりませんでした.
207	**Je ne me sens pas bien.**	気分が悪い．調子が悪い.
208	**Je vous écoute.**	お話をうかがいましょう.
209	**Nous rentrons à pied.**	私たちは歩いて帰ります.
210	**Je vous en prie, asseyez-vous.**	どうぞお座り下さい.
211	**Ne vous gênez pas.**	どうぞご遠慮なく.
212	**Ne vous inquiétez pas.**	心配しないで下さい.
213	**Nous sommes le combien aujourd'hui ?**	今日は何日ですか？
214	**Nous sommes [venons] de Nice.**	私たちはニースの出身です.
215	**Plus fort, s'il vous plaît.**	もっと大きな声でお願い致します.
216	**Qu'est-ce qui se passe ?**	何が起こっているのですか？
217	**Qu'est-ce que ça veut dire ?**	それはどういう意味ですか？
218	**Répondez-moi le plus vite possible.**	なるべく早く返事を下さい.
219	**Tu es prêt(e) ?**	用意はできたの？
220	**Un peu de silence, s'il vous plaît.**	少し静かにして下さい.

練習問題

1. 日本語を参照して，(　　) 内に最も適切な語・表現を書いて下さい.

1)	L'(a..........), s'il vous plaît.	お勘定をお願いします.
2)	(Q..........) chance !	なんて運がいいんだ！
3)	À (b..........) !	それではまた近いうちに！
4)	À la (p..........) fois !	それでは次回に！
5)	À la (s..........) prochaine !	また来週に！
6)	À tout à l'(h..........) !	じゃあ，あとで！
7)	À tout de (s..........) !	じゃあまた，すぐあとで！
8)	Ah (b..........) !	ああ，そうですか！
9)	Allez tout (d..........).	このまま，まっすぐ行って下さい.
10)	Allô, c'est de la part de (q..........) ?	もしもし，どちらさまですか？
11)	Alors, je le (p..........).	では，それにします.
12)	Après (v..........), je vous en prie.	お先にどうぞ.
13)	Au revoir, tout le (m..........) !	皆さん，さようなら！
14)	Bonnes (v..........) !	楽しい休暇を！
15)	C'est (s..........) ?	それは確かですか？
16)	C'est à la (m..........).	流行っています.
17)	C'est bon (m..........) !	これは安いです！
18)	C'est trop (t..........).	遅すぎる．手遅れです.

【解答】 1) addition　2) Quelle　3) bientôt　4) prochaine　5) semaine　6) heure　7) suite　8) bon　9) droit　10) qui　11) prends　12) vous　13) monde　14) vacances　15) sûr　16) mode　17) marché　18) tard

19) Répondez-moi le plus vite (p..........). なるべく早く返事を下さい.

20) Ça (f..........) longtemps ! 久しぶりだね！

21) Ça (m..........), ton travail ? 仕事はうまくいってる？

22) Ça ne fait (r..........). かまいません.

23) Ce n’est pas (v..........) ! まさか！

24) Ça te (v..........) bien. それは君によく似合う.

25) Dis (b..........) à Emma ! エマによろしく！

26) Et comme (b..........), monsieur ? お飲み物は何になさいますか？

27) Excusez-moi de vous (d..........). お邪魔して，すみません

28) Faites (c..........) vous voulez. お好きなようにして下さい.

29) Il y a toujours du (m..........) ici. ここはいつもたくさん人がいる.

30) J’en ai (a..........) ! うんざりだ！

31) J’ai (m..........) compris. 誤解していました.

32) Je peux (e..........) ce pantalon ? このズボンを試着してもいいですか？

33) Je suis (d..........). すみません.

34) Je vous (é..........). お話をうかがいましょう.

35) Je vous (r..........). どうもありがとうございます.

36) Je vous demande (p..........). 申し訳ありません.

37) C’est (c..........) ? おいくらですか？

【解答】 19) possible 20) fait 21) marche 22) rien 23) vrai 24) va 25) bonjour 26) boisson 27) déranger 28) comme 29) monde 30) assez 31) mal 32) essayer 33) désolé(e) 34) écoute 35) remercie 36) pardon 37) combien

38) Je vous en (p..........).	どういたしまして．
39) Je vous souhaite une bonne (a..........).	新年おめでとうございます．
40) Ne (q..........) pas, s'il vous plaît.	切らずにそのままお待ち下さい．
41) Non, ce n'est pas la (p..........).	いいえ，その必要はありません．
42) Non, j'aime (m..........) ça.	いいえ，こちらの方が好きです．
43) Non, pas du (t..........).	決してそんなことはありません．
44) Nous sommes le (c..........), aujourd'hui ?	今日は何日ですか？
45) Tu es (p..........) ?	用意はできたの？
46) On y va (e..........) ?	一緒に行こうか？
47) Pas de (p..........).	問題はない．
48) Plus (f..........), s'il vous plaît !	もっと大きな声でお願い致します．
49) Quel (b..........) temps !	なんていい天気なんだ！
50) Sans (d..........).	おそらく．
51) Sans (f..........).	必ず．
52) Tant (m..........) !	それはよかった！
53) Tu as (r..........).	君の言う通りだよ．
54) Tu vas bien ? – (C..........) ?	お元気ですか？　－まあまあ．
55) Qu'est-ce qui se (p..........) ?	何が起こっているの？

【解答】 38) **prie** 39) **année** 40) **quittez** 41) **peine** 42) **mieux** 43) **tout** 44) **combien** 45) **prêt(e)** 46) **ensemble** 47) **problème** 48) **fort** 49) **beau** 50) **doute** 51) **faute** 52) **mieux** 53) **raison** 54) **Comme ci comme ça** 55) **passe**

56) Ce n'est pas (g..........). 大したことではありません.

57) Un (m..........), s'il vous plaît ! ちょっとお待ち下さい！

58) Un peu de (s..........), s'il vous plaît. 少し静かにして下さい.

59) Voici un petit cadeau pour vous. これ，つまらないものだけどあなたに.
– Merci, c'est (g..........). – どうもご親切に.

60) Vous êtes (c..........) ? 何名様ですか？

【解答】 56) **grave** 57) **moment** 58) **silence** 59) **gentil** 60) **combien**

2. 次の表現を日本語に訳して下さい.

1) À plus tard !
2) À votre santé !
3) Bien sûr.
4) Bon courage !
5) Aucun problème.
6) Ça suffit !
7) Ce n'est pas possible !
8) Comme vous voulez.
9) D'accord.
10) De rien.
11) Enchanté(e).
12) Fais comme ça.
13) Moi non plus.
14) Non, merci.
15) On y va ?

【解答】 1) またあとで！ 2) 乾杯！ 3) もちろん. 4) 頑張ってね！ 5) まったく問題ありません. 6) もうたくさん！ 7) まさか！ 8) お好きなように. 9) わかりました. 10) どういたしまして. 11) はじめまして. 12) こんなふうにやってごらん. 13) 私もそうではありません. 14) いいえ，結構です. 15) 行きましょうか？

3. 次の表現をフランス語に訳して下さい．

1) いい匂い！

2) 召し上がれ！いただきます！

3) おめでとう！

4) すぐ行きますよ！

5) ついてないね！

6) とんでもない！

7) よい 1 日を！

8) うまくいかない．

9) 仕方がない！

10) 以上です．

11) 喜んで！

12) 無料です．

13) 本当？

14) 楽しい旅行を！

15) 残念です！

16) 気をつけてね！

17) 満員です．

18) 誕生日おめでとう！

19) 論外だ！

20) 食事ですよ！

【解答】 1) Ça sent bon ! 2) Bon appétit ! 3) Félicitations ! 4) J'arrive ! 5) Pas de chance ! 6) Mais non ! / Mais si ! 7) Bonne journée ! 8) Ça ne marche pas. 9) Tant pis ! 10) C'est tout. 11) Avec plaisir ! / Volontiers ! 12) C'est gratuit. 13) C'est vrai ? 14) Bon voyage ! 15) C'est dommage ! 16) Fais attention ! 17) C'est complet. 18) Bon anniversaire ! 19) Pas question ! 20) À table !

2

基本熟語

1. 副詞句
2. 前置詞句
3. 形容詞＋前置詞
4. 名詞＋前置詞＋名詞，その他
5. 動詞＋名詞，動詞＋前置詞，その他

1. 副詞句

1） 時間を表す副詞句 16

001 □ □	**à cette époque(-là)**	当時は = **à l'époque** ≒ **à ce moment-là** その時は
002 □ □	**à l'instant**	（未来について今）すぐに，（過去について）たった今
003 □ □	**au début**	最初，初めは
004 □ □	**ces jours-ci**	近頃
005 □ □	**d'abord**	まず
006 □ □	**de temps en temps**	ときどき
007 □ □	**depuis toujours**	ずっと以前から ≒ **depuis longtemps**
008 □ □	**en ce moment**	今
009 □ □	**la prochaine fois**	次回

À cette époque-là, nous étions plus heureux.	**当時は**，私たちはもっと幸せでした．
Attendez-moi. Je reviens **à l'instant.**	お待ち下さい．**すぐに**戻ってきます．
Au début, tout allait bien.	**最初は**すべてうまくいっていました．
Ces jours-ci, il fait très doux.	**このところ**天気は非常に穏やかです．
D'abord, nous sommes allés à la librairie, puis au supermarché.	私たちは**まず**本屋に行って，それからスーパーマーケットに行きました．
Nous allons nous promener **de temps en temps** dans ce parc.	私たちは**ときどき**その公園に散歩に行きます．
Nous habitons **depuis toujours** dans ce quartier.	私たちは**ずっと前から**この街に住んでいます．
Je suis trop occupé(e) **en ce moment**.	**今**忙しすぎます．
La prochaine fois, on ira manger dans un restaurant italien.	**次回は**イタリアンレストランに食べに行きましょう．

🎧 17

010 □ □	**l'autre jour**	先日
011 □ □	**(pour) la dernière fois**	最後（に），前回（は）
012 □ □	**(pour) la première fois**	初めて
013 □ □	**plusieurs fois**	何度も
014 □ □	**pour le moment**	今のところ，当面，さしあたり ≒ pour l'instant
015 □ □	**tout à l'heure**	ついさっき，間もなく
016 □ □	**tout de suite**	すぐに
017 □ □	**toute la journée**	1日中 ▸ **toute la nuit**　一晩中
018 □ □	**tout le temps**	いつも，しょっちゅう
019 □ □	**un de ces jours**	そのうちいつか，近いうちに

Nous sommes allés voir cette exposition **l'autre jour**.	私たちは**先日**この展覧会を見に行きました.
J'ai vu Louise **pour la dernière fois** en juillet 2015.	私がルイーズに**最後に**会ったのは，2015 年の 7 月でした.
Je vais aller en France **pour la première fois** cet été.	この夏は**初めて**フランスに行く予定です.
Nous sommes déjà allés **plusieurs fois** dans le sud de la France.	私たちはもうすでに**数回**，南フランスに行ったことがあります.
Je ne peux pas sortir **pour le moment**, à cause de mon travail.	仕事のため，**今のところ**外出できません.
Je vais aller à la poste **tout à l'heure**.	私は**しばらくしたら**郵便局に行きます.
Attendez un instant. J'arrive **tout de suite**.	ちょっと待って下さい. **すぐに**行きます.
J'ai étudié **toute la journée** pour mes examens.	私は **1 日中**試験のために勉強しました.
Il se promène **tout le temps** dans ce parc.	彼は**いつも**この公園を散歩しています.
Je te téléphone **un de ces jours**.	**近いうちに**電話します.

020 □ □	**une autre fois**	別の機会に
021 □ □	**une fois**	一度，一回 ▸ **une fois par semaine** 週 1 回

2) 様態を表す副詞句 18

022 □ □	**à la carte**	アラカルトで，一品ずつ選んで
023 □ □	**à l’heure**	時間通りに ▸ à ... kilomètre(s) [km] à l’heure 時速～キロメートルで
024 □ □	**à pied**	歩いて
025 □ □	**à voix haute**	大きな声で ≒ à haute voix ↔à voix basse 小さな声で
026 □ □	**en retard**	遅刻して，遅れて ↔**en avance** （約束の時間より）早く，進んでいる
027 □ □	**le plus vite possible**	できるだけ速く（早く）
028 □ □	**par cœur**	そらで ▸ apprendre ＋もの＋ par cœur ～を暗記する

Nous irons voir ce film une autre fois.	この映画は別の機会に見に行きましょう.
Ma fille a participé une fois à ce concours de musique.	私の娘はその音楽コンクールに一度参加しました.

On mange à la carte ou on prend un menu ?	アラカルトにする？それとも定食にする？
Elle arrive toujours à l'heure aux cours.	彼女は授業にいつも時間通りに来ます.
Comme il fait beau, nous allons rentrer à pied.	いい天気だから歩いて帰りましょう.
J'aime lire des poèmes à voix haute.	私は詩を大きな声で読むのが好きです.
Elle arrive toujours en retard [en avance] à un rendez-vous.	彼女は約束にいつも遅刻して［早めに］やってきます.
Je dois envoyer ce paquet le plus vite possible.	私は小包をできるだけ早く出さなければなりません.
Je dois apprendre par cœur cette liste de mots pour demain.	私は明日までにこの単語のリストを暗記しなければならない.

029 □ □	**sans effort**	苦労せずに，らくらくと，やすやすと
030 □ □	**tout à fait**	まったく，完全に

3） 場所を表す副詞句 19

031 □ □	**quelque part**	どこかに

4） その他 20

032 □ □	**à mon avis**	私の考えでは
033 □ □	**au contraire**	反対に，それどころか
034 □ □	**bien entendu**	もちろん
035 □ □	**d'habitude**	いつも，ふつうは ▸ **comme d'habitude** いつものように
036 □ □	**dans ce cas**	その場合は

Il a réussi ses examens **sans effort**.	彼は試験で**らくらく**合格点を取りました．
Je n'ai pas **tout à fait** fini de lire ce roman.	この小説は**全部は**読み終わっていません．

Je voudrais voyager **quelque part** au printemps.	春には**どこかに**旅行したいのですが．

À mon avis, ce film est intéressant.	**私は**この映画は面白い**と思います**．
Il n'est pas sévère, **au contraire**, il est très gentil.	彼は厳しい人ではありません．**その反対で**とても親切な人です．
Bien entendu, j'ai eu très peur en regardant ce film.	**もちろん**，私はその映画を見てとても怖かった．
D'habitude, je bois un café à 4 heures de l'après-midi.	私は**いつも**午後４時にコーヒーを飲みます．
Il va pleuvoir demain. **Dans ce cas**, on va rester à la maison.	明日は雨になりそうだ．**その場合は**，家にいようよ．

037	**dans ces conditions**	このような状況では，そんな場合は
038	**de mieux en mieux**	ますますよく
039	**de moins en moins**	だんだん少なく
040	**de plus en plus**	ますます，だんだん
041	**en effet**	実は～だから，確かに
042	**en général**	ふつう，一般に
043	**en moyenne**	平均して
044	**en particulier**	特に
045	**par chance**	運よく
046	**par exemple**	例えば

Il est difficile de travailler ici **dans ces conditions**.	**このような条件では**，ここで働くのは難しい．
Il va **de mieux en mieux**.	彼は**ますます元気に**なっています．
Il y a **de moins en moins** de bons cafés dans les environs.	この近くには，よいカフェは**だんだん少なく**なっています．
Il fait **de plus en plus** froid.	**だんだん**寒くなります．
Léa ne viendra pas avec nous. **En effet**, elle a attrapé un rhume.	レアは私たちと一緒には行かないでしょう．**実は**風邪をひいている**から**．
Le matin, je pars **en général** vers 7 heures de la maison.	私は，朝は，**ふつう**7時頃に家を出ます．
Je dors **en moyenne** 7 heures par jour.	私は1日**平均**7時間寝ます．
J'aime **en particulier** les tartes au citron.	私は**特に**レモン・タルトが好きです．
Par chance, j'ai retrouvé mon portefeuille.	**運よく**，私はなくした財布を見つけました．
On pourrait se voir cette semaine, **par exemple** jeudi ?	今週中のいつか，**例えば**木曜日に会いましょうか？

047 □ □	**par hasard**	偶然
048 □ □	**peut-être**	たぶん，おそらく，～かもしれない
049 □ □	**quand même**	それでも
050 □ □	**sans doute**	たぶん，おそらく ▷ peut-être よりも少し確率が高い.

2. 前置詞句

1） 時間を表す前置詞句 21

051 □ □	**à l'époque de ...**	～の時代に
052 □ □	**au moment de ...**	（ちょうど）～のときに， （＋不定詞）～しているときに
053 □ □	**avant de** ＋不定詞	～する前に
054 □ □	**il y a ...**	（今から）～前に

Nous sommes entrés un jour **par hasard** dans ce restaurant.	私たちはある日**偶然**このレストランに入りました.
Il va **peut-être** neiger demain.	明日は雪になる**かもしれません**.
Malgré le mauvais temps, je vais **quand même** courir.	天気が悪いけれども，**それでもやはり**走りに行きます.
Il fera **sans doute** plus froid demain.	明日は**おそらく**もっと寒くなるでしょう.

Nous sortions souvent ensemble **à l'époque du** lycée.	私たちは高校**時代に**よく一緒に出かけていました.
J'ai eu mal à la tête **au moment de** partir.	出発**するときに**頭が痛くなりました.
Je voudrais boire un bon café **avant de** rentrer.	私は家に帰る**前に**おいしいコーヒーを飲みたい.
Nous sommes allés en France **il y a** 2 ans.	私たちは２年**前に**フランスに行きました.

2）場所を表す前置詞句 22

055 □ □	**à côté de ...**	～のそばに
056 □ □	**à l'intérieur de ...**	～の内部に ≒ dans
057 □ □	**au bord de ...**	～のほとりに
058 □ □	**au coin de ...**	～の角に
059 □ □	**au fond de ...**	～の底に，～の奥に
060 □ □	**au pied de ...**	～のふもとに ↔au sommet de ...　～の頂上に
061 □ □	**autour de ...**	～の周りに
062 □ □	**en bas de ...**	～の下（の方）に ↔en haut de ...　～の上（の方）に
063 □ □	**en direction de ...**	～の方に，～に向かって ≒ dans la direction de ...

Le supermarché est **à côté de** la gare.	スーパーマーケットは駅**のそばに**あります.
Il y a beaucoup de cadeaux **à l'intérieur de** ma valise.	私のスーツケース**の中には**たくさんのプレゼントがあります.
Nous nous sommes promenés **au bord du** lac.	私たちは湖**のほとりを**散歩しました.
Il y a une bonne pâtisserie **au coin de** la rue.	この通り**の角に**おいしいケーキ屋があります.
Il y a des yaourts **au fond du** frigo.	冷蔵庫**の奥に**ヨーグルトがあるよ.
Nous serons **au pied du** mont Fuji dans une heure environ.	約１時間で富士山**のふもとに**着きます.
Il n'y a pas beaucoup de magasins **autour de** chez nous.	私たちの家**の周りには**お店はあまり多くありません.
Il y a une boulangerie **en bas de** chez moi.	私のマンション**の下に**パン屋があります.
Le chien est parti **en direction de** la forêt.	犬は森**の方に**行きました.

064 □ □	**en face de ...**	～の正面に
065 □ □	**en haut de ...**	～の上（の方）に ↔en bas de ...　～の下（の方）に
066 □ □	**loin de ...**	～から遠くに
067 □ □	**près de ...**	～の近くに

3）時間・場所を表す前置詞句　🎧 23

068 □ □	**à la fin de ...**	～の終わりに
069 □ □	**à partir de ...**	～から
070 □ □	**au bout de ...**	（空間・場所）～の端に （期間）～のあとに
071 □ □	**au début de ...**	～のはじめに

Il y a un musée intéressant **en face de** la mairie.	市役所**の向かいに**面白い美術館があります.
J'ai rangé tes vêtements **en haut du** placard.	君の服は戸棚**の上の段に**しまったよ.
La gare est **loin de** chez nous.	駅は私たちの家**からは遠い**.
Elle habite **près de** l'université.	彼女は大学**の近くに**住んでいます.

Je suis toujours un peu triste **à la fin des** vacances.	バカンス**の終わり頃になると**, 私はいつも少し悲しくなります.
Les grands magasins sont ouverts **à partir de** 10 heures.	デパートは 10 時**から**開いています.
La poste est **au bout de** la rue.	郵便局はこの通り**の端に**あります.
Il a arrêté ce travail **au bout d'**un mois.	彼は 1 か月**後**, この仕事を辞めました.
Nous partons en voyage **au début de** la semaine prochaine.	私たちは来週**はじめに**旅行に出かけます.

072 □ □	**jusqu'à ...**	～まで

4） 理由を表す前置詞句 🎧 24

073 □ □	**à cause de ...**	～のせいで，～が原因で
074 □ □	**grâce à ...**	～のおかげで

5） その他 🎧 25

075 □ □	**à l'âge de ...**	～歳で
076 □ □	**à la place de ...**	～の代わりに
077 □ □	**au lieu de ...**	～の代わりに， （＋不定詞）～しないで
078 □ □	**par rapport à ...**	～と比べて

Nous sommes à Kyoto jusqu'à la fin de la semaine.	私たちは週末まで京都にいます.
Nous n'avons pas joué au tennis à cause du mauvais temps.	天気が悪かったので, 私たちはテニスができませんでした.
J'ai trouvé un bel appartement grâce à mon frère.	私は兄のおかげで, このきれいなアパルトマンを見つけました.
J'ai commencé la danse à l'âge de 5 ans.	私は5歳のときにダンスを始めました.
Il a fait ce travail à la place de son ami.	彼は彼の友達に代わってその仕事をしました.
Fais tes devoirs au lieu de regarder la télé.	テレビを見ていないで, 宿題をしなさい.
Les prix ont augmenté par rapport à l'année dernière.	昨年と比べて物価は上昇しました.

3. 形容詞＋前置詞

1） 形容詞＋ à 26

079 □ □	**difficile à** ＋不定詞	～するのが難しい
080 □ □	**facile à** ＋不定詞	～するのはやさしい
081 □ □	**présent(*e*) à ...**	～に出席している
082 □ □	**utile à ...**	～に役立つ

2） 形容詞＋ de 27

083 □ □	**âgé(*e*) de ...**	～歳の
084 □ □	**amoureu*x* [amoureu*se*] de ...**	～に恋している，～に夢中の
085 □ □	**capable de** ＋不定詞	～することができる
086 □ □	**content(*e*) de** ＋人・もの・不定詞	～に満足である，～してうれしい

Ce livre est **difficile à** comprendre.	この本は理解する**のが難しい**．
Ce gâteau est **facile à** faire.	このケーキは作る**のが簡単**です．
Nous sommes toujours **présents aux** cours.	私たちはいつも授業**に出席して**います．
Ce dictionnaire électronique sera **utile à** ma fille.	この電子辞書は私の娘**に役立つ**でしょう．

Mon fils est **âgé de** 6 ans.	私の息子は 6 **歳**です．
Il est très **amoureux de** cette fille.	彼はあの女の子**に夢中になって**います．
Il est **capable de** lire pendant des heures.	彼は何時間でも本を読む**ことができます**．
Nous sommes très **contents de** notre nouvelle maison.	私たちは新しい家**に**とても**満足して**います．

087 □ □	**différent(*e*) de ...**	～と異なった，～と違った
088 □ □	**fi*er* [fi*ère*] de ...**	～を誇りに思っている
089 □ □	**heureu*x* [heureu*se*] de** ＋もの・不定詞	～がうれしい，～してうれしい
090 □ □	**inquie*t* [inquiè*te*] de [pour] ...**	～のことで心配している
091 □ □	**plein(*e*) de** ＋無冠詞名詞	～で満ちた，～で一杯の
092 □ □	**proche de ...**	～に近い
093 □ □	**sûr(*e*) de ...**	～を確信している，自信がある

3）形容詞＋その他の前置詞 28

094 □ □	**fort(*e*) en ...**	～が得意な ↔**faible en** ...　～が苦手な
095 □ □	**genti*l* [gentil*le*] avec [pour]** ＋人	～に親切な

Il est très **différent de** son frère.	彼はお兄さんとはとても違っています.
Ils sont **fiers de** leurs enfants.	彼らは子供たちを誇りにしています.
J'ai été **heureux [heureuse] de** retrouver mes amis d'enfance.	私は幼なじみと会えてうれしかった.
Il est **inquiet de** la santé de sa fille.	彼は彼の娘の健康が心配です.
Sa lettre est **pleine de** fautes d'orthographe.	彼［女］の手紙は綴り字の間違いだらけです.
La bibliothèque municipale est **proche du** lycée.	市立図書館は高校の近くです.
Il n'est pas très **sûr de** lui.	彼はあまり自分に自信がない.

Je suis **fort(e) en** mathématiques, mais je suis **faible en** français.	私は数学は得意ですが，フランス語は苦手です.
Elle est **gentille avec** tout le monde.	彼女は誰に対しても親切です.

4. 名詞＋前置詞＋名詞，その他

1）名詞＋ à ＋名詞　29

096 □ □	**boîte aux [à] lettres** 女	郵便受け
097 □ □	**brosse à cheveux** 女	ヘアブラシ ▸ brosse à dents 女 歯ブラシ
098 □ □	**chambre à un lit** 女	シングル・ルーム
099 □ □	**pain au chocolat** 男	パン・オ・ショコラ
100 □ □	**papier à lettres** 男	便せん
101 □ □	**sac à dos** 男	リュックサック
102 □ □	**tarte aux pommes** 女	りんごのタルト
103 □ □	**tasse à café** 女	コーヒーカップ ▸ tasse à thé 女 ティーカップ

J'ai regardé dans la **boite aux lettres** mais il n'y avait rien.	**郵便受け**を見たけど，何もなかった．
J'ai oublié ma **brosse à cheveux** à l'hôtel.	私はホテルに**ヘアブラシ**を忘れました．
Je voudrais une **chambre à un lit** pour 2 nuits, s'il vous plaît.	**シングル・ルーム**を２泊お願いしたいのですが．
Mon fils adore manger un **pain au chocolat** au goûter.	私の息子はおやつに**パン・オ・ショコラ**を食べるのが大好きです．
J'ai acheté du joli **papier à lettres**.	私はかわいい**便せん**を買いました．
Ce **sac à dos** a l'air pratique.	この**リュックサック**は便利なようです．
La **tarte aux pommes** est mon dessert préféré.	**りんごのタルト**は私の一番好きなデザートです．
J'ai acheté des **tasses à café**.	私は**コーヒーカップ**を買いました．

2） 名詞＋ à ＋不定詞 30

104 □ □	**fer à repasser** 男	アイロン
105 □ □	**machine à laver** 女	洗濯機
106 □ □	**maison à louer** 女	貸家 ↔maison à vendre　売家

3） 名詞＋ de ＋名詞 31

107 □ □	**accident de voiture** 男	自動車事故
108 □ □	**agent de police** 男	警官
109 □ □	**argent de poche** 男	小遣い
110 □ □	**billet de train** 男	電車の切符
111 □ □	**carte d'étudiant** 女	学生証

Le fer à repasser ne marche plus très bien.	このアイロンは調子がもうよくありません.
J'ai acheté une nouvelle machine à laver.	新しい洗濯機を買いました.
Il y a une très jolie maison à louer près d'ici.	この近くにとても素敵な貸家があります.

Il a eu un accident de voiture la semaine dernière.	彼は先週，自動車事故にあいました.
J'ai demandé le chemin à un agent de police.	私は警官に道を尋ねました.
Je donne 50 euros par mois d'argent de poche à mon fils.	私は息子に小遣いを月 50 ユーロあげています.
J'ai acheté mon billet de train pour Nantes.	私はナント行きの電車の切符を買いました.
J'ai perdu ma carte d'étudiant.	私は学生証をなくしました.

112 ☐ ☐	**carte d'identité** 女	（フランスで発行している）身分証明書 ▸ pièce d'identité 女 身分証明する書類（旅券，運転免許証など）
113 ☐ ☐	**chemin de fer** 男	鉄道
114 ☐ ☐	**club de sport** 男	スポーツクラブ
115 ☐ ☐	**concours d'entrée** 男	入学試験
116 ☐ ☐	**concours de musique** 男	音楽コンクール
117 ☐ ☐	**crayon de couleur** 男	色鉛筆
118 ☐ ☐	**date de naissance** 女	生年月日
119 ☐ ☐	**eau de toilette** 女	オードトワレット
120 ☐ ☐	**emploi du temps** 男	時間割
121 ☐ ☐	**homme d'affaires** 男	ビジネスマン

Avez-vous votre **carte d'identité** ?	**身分証明書**をお持ちですか？
La ligne de **chemin de fer** passe tout près de chez nous.	**鉄道**の路線が私たちの家のすぐそばを通っています．
Je vais dans un **club de sport** 3 fois par semaine.	私は週３回**スポーツクラブ**に行きます．
Il a passé le **concours d'entrée** dans cette université.	彼はこの大学の**入学試験**を受けました．
Ma fille se présente à un **concours de musique** le mois prochain.	私の娘は来月**音楽コンクール**に出場します．
J'ai acheté des **crayons de couleur** pour ma fille.	私は娘に**色鉛筆**を買いました．
Quelle est votre **date de naissance** ?	あなたの**生年月日**はいつですか？
Elle se met tous les matins de l'**eau de toilette**.	彼女は毎朝**オードトワレット**をつけます．
Son **emploi du temps** est toujours chargé.	彼女の**時間割**はいつも詰まっています．
Beaucoup d'**hommes d'affaires** séjournent dans cet hôtel.	このホテルにはたくさんの**ビジネスマン**が泊まっています．

32

122	**lieu de naissance** 男	出生地
123	**lunettes de soleil** 女 複	サングラス
124	**maison de campagne** 女	（田舎にある）別荘
125	**mode d'emploi** 男	使用法
126	**moyen de transport** 男	交通機関
127	**nom de famille** 男	姓，名字
128	**numéro de téléphone** 男	電話番号
129	**permis de conduire** 男	運転免許（証）
130	**saison des pluies** 女	梅雨
131	**salle de classe** 女	教室

Quel est votre **lieu de naissance** ?	あなたの**出生地**はどこですか？
J'ai perdu mes **lunettes de soleil**.	私は**サングラス**をなくしました．
Nous avons passé le week-end dans notre **maison de campagne**.	私たちは週末は**別荘**で過ごしました．
Je lis rarement le **mode d'emploi** des appareils que j'achète.	私は購入する器具の**使用法**はめったに読みません．
Les **moyens de transport** sont très développés dans cette région.	この地方では**交通機関**はとても発達しています．
Écrivez ici votre **nom de famille**.	ここにあなたの**姓**を書いて下さい．
Vous connaissez son **numéro de téléphone** ?	彼［女］の**電話番号**を知っていますか？
Il vient de passer son **permis de conduire**.	彼は**運転免許**を取ったばかりです．
Il vaut mieux ne pas voyager au Japon pendant la **saison des pluies**.	日本は**梅雨**のときには旅行しない方がよい．
Il n'y a plus personne dans la **salle de classe**.	**教室**にもう誰もいません．

132	**salle de concert** 女	コンサートホール
133	**sport d'hiver** 男	ウィンタースポーツ
134	**tasse de café** 女	1 杯のコーヒー ▸ **tasse de thé** 1 杯の紅茶
135	**tremblement de terre** 男	地震
136	**vacances d'été** 女 複	夏休み ▸ **vacances d'hiver** 女 複 冬休み
137	**voiture d'occasion** 女	中古車
138	**voyage d'affaires** 男	出張旅行

4） 名詞＋ en ＋名詞，その他 33

139	**maison en bois** 女	木造住宅
140	**façon [manière] de parler** 女	話し方

Je ne suis jamais allé(e) dans cette **salle de concert**.	私はまだ一度もその**コンサートホール**に行ったことがありません.
Nous partons une semaine aux **sports d'hiver** en février.	私たちは２月に１週間**ウィンタースポーツ**に出かけます.
Tu veux une autre **tasse de café** ?	**コーヒー**をもう**一杯**いかがですか？
Il y a eu un **tremblement de terre** ce matin.	今朝**地震**がありました.
Nous passons toujours nos **vacances d'été** dans le sud de la France.	私たちは**夏休み**をいつも南フランスで過ごします.
Mon frère a acheté une **voiture d'occasion**.	私の弟は**中古車**を買いました.
Mon mari part souvent en **voyage d'affaires** aux États-Unis.	私の夫は**出張**でよくアメリカに行きます.

Ils habitent dans une **maison en bois**.	彼らは**木造住宅**に住んでいます.
Je n'aime pas beaucoup sa **façon de parler**.	彼の**話し方**があまり好きではありません.

141	**robe en coton** 女	コットンのドレス，ワンピース
142	**sac en cuir** 男	革製のバッグ

5） その他 34

143	**beaux-arts** 男 複	美術
144	**carte postale** 女	絵はがき
145	**centre-ville** 男	都心，町の中心部
146	**jardin public** 男	公園
147	**jeu vidéo** 男	テレビゲーム
148	**rendez-vous** 男	会う約束，待ち合わせ，予約

Cette **robe en coton** a l'air agréable à porter.	このコットンのワンピースは着心地がいいように見えます.
J'utilise toujours le même **sac en cuir**.	私はいつも同じ革のバッグを使っています.

Elle a étudié les **beaux-arts**.	彼女は美術を勉強しました.
Je n'écris plus beaucoup de **cartes postales**.	私は絵はがきはもうあまり書きません.
Nous habitons au **centre-ville** de Nantes.	私たちはナントの中心街に住んでいます.
Elle emmène ses enfants au **jardin public** quand il fait beau.	天気がよいとき, 彼女は子供たちを公園に連れていきます.
Mon fils adore jouer aux **jeux vidéo**.	私の息子はテレビゲームが大好きです.
J'ai un **rendez-vous** chez le coiffeur demain à 11 heures.	私は明日 11 時に美容院を予約しています.

5. 動詞＋名詞，動詞＋前置詞，その他

1） 動詞＋名詞 35

149	**avoir besoin de** ＋人・もの・不定詞	～が必要である，～することが必要である
150	**avoir chaud**	（人が）暑い
151	**avoir confiance en [dans]** ＋人・もの	～を信頼する
152	**avoir de la chance**	運がいい ▸ **avoir la chance de** ＋不定詞　～するとは運がいい
153	**avoir des nouvelles de** ＋人	～から便りがある
154	**avoir du courage**	勇気がある ▸ **avoir le courage de** ＋不定詞　～する勇気がある
155	**avoir envie de** ＋もの・不定詞	～が欲しい，～したい

Nous **avons besoin d'**un bon guide de voyage.	私たちはよい旅行ガイドブック**が必要です**.
J'**ai chaud**. Tu peux ouvrir la fenêtre ?	**暑い**. 窓を開けてくれる？
J'**ai confiance en** elle.	僕は彼女**を信頼しています**.
Nous **avons de la chance** aujourd'hui.	今日は**運がいい**.
Nous **avons eu la chance de** le voir avant son départ.	私たちは出発前に彼と会え**て運がよかった**.
Je n'**ai** pas **de nouvelles de** lui depuis longtemps.	彼からは長いこと**便りがありません**.
Mes enfants **ont du courage**.	私の子供たちは**勇気があります**.
Nous n'**avons** pas **le courage de** lui dire la vérité.	私たちは彼に本当のことを言う**勇気がありません**.
Léa **a envie d'**un nouveau téléphone.	レアは新しい電話**が欲しい**.

36

156	**avoir faim**	お腹がすいている
157	**avoir froid**	(人が) 寒い
158	**avoir honte (de +** 人・もの**)**	(～が) 恥ずかしい
159	**avoir l'air** +形容詞	～の様子をしている, (人，ものの様子が) ～のようだ, (de +不定詞) ～するように見える
160	**avoir l'habitude de** +不定詞	～することに慣れている，～する習慣がある
161	**avoir l'intention de** +不定詞	～するつもりである
162	**avoir le temps de** +不定詞	～する時間がある
163	**avoir lieu**	(事故などが) 起こる，(行事などが) 行われる
164	**avoir mal à** +体の部位を表す名詞	～が痛い

Il est déjà midi. J'ai faim.	もう 12 時だ．お腹がすきました．
J'ai très froid.	私はとても寒い．
Ils ont honte de ce qu'ils ont fait.	彼らは自分たちがやったことが恥ずかしい．
Il n'a pas l'air très jeune.	彼はあまり若くは見えません．
Mon frère a l'habitude de se coucher très tard.	私の兄はとても遅く寝るのが習慣になっています．
Nous avons l'intention de partir à 7 heures du matin.	私たちは朝 7 時に出発するつもりです．
Nous avons le temps de manger avant d'aller au cinéma.	私たちは映画に行く前に食べる時間があります．
La prochaine réunion aura lieu le 26 juin de 13 à 16 heures.	次の会議は 6 月 26 日 13 時から 16 時まで行われます．
J'ai mal à la tête et aussi à la gorge.	私は頭が痛いし，喉も痛い．

🎧 37

165	**avoir peur (de** +人・もの**)**	(～が) 怖い (de +不定詞) ～するのが怖い
166	**avoir quelque chose à** +不定詞	何か～することがある
167	**avoir raison**	正しい，(de +不定詞) ～するのは正しい ↔**avoir tort** 間違っている，(de +不定詞) ～するのは間違い
168	**avoir rendez-vous avec [chez]** +人	～と会う約束がある，～の予約がある
169	**avoir soif**	喉が乾いている
170	**avoir sommeil**	眠い
171	**avoir un accident**	事故にあう
172	**boire un verre**	一杯飲む ≒ **prendre un verre**
173	**faire attention (à** +人・もの**)**	(～に) 注意する，(～に) 気をつける

J'**ai peur des** chiens depuis mon enfance.	私は子供のときから犬**が怖い**.
Les enfants **ont** souvent **peur d'**être grondés.	子供は叱られる**ことを**よく**怖がります**.
Nous **avons quelque chose à** faire ce soir.	今夜はやる**ことがあります**.
Tu **as raison de** changer de travail.	仕事を変える**のは正しい**.
J'**ai rendez-vous** à 10 heures **chez** le dentiste.	10時に歯医者**の予約があります**.
Quelle chaleur ! **J'ai soif**.	なんという暑さ！**喉が乾いたよ**.
Je n'ai pas bien dormi la nuit dernière. **J'ai sommeil**.	昨夜よく眠れなかった. **眠い**.
Hier, il **a eu un accident** près de chez lui.	昨日, 彼は彼の家の近くで**事故にあいました**.
On va **boire un verre** ?	**一杯どう**？
Fais attention aux voitures en traversant la rue.	通りを横切るとき車に**注意しなさい**.

38

174	**faire des [les] courses**	買い物をする
175	**faire des progrès**	進歩する
176	**faire des recherches**	研究する，検索する，捜索する
177	**faire du bruit**	物音を立てる
178	**faire ses devoirs**	宿題をする
179	**faire un effort [des efforts]**	努力をする，（pour ＋不定詞）～する
180	**gagner de l'argent**	お金を稼ぐ ↔dépenser （お金）を使う
181	**gagner sa vie**	生計を立てる，生活費を稼ぐ
182	**jouer du piano**	ピアノを弾く
183	**passer des heures à** ＋もの・不定詞	～に何時間も費やす，～して何時間も過ごす ≒ passer son temps à ＋もの・不定詞

Je **fais** souvent **des courses** dans ce supermarché.	私はよくこのスーパーマーケットで買い物をします．
Tu **as fait de** grands **progrès** en français.	君のフランス語はとても上達したね．
J’**ai fait des recherches** sur Internet pour écrire mon rapport.	私はレポートを書くために，インターネットでいろいろ調べました．
Les voisins **font** souvent **du bruit** le soir.	隣人はよく夜に物音を立てます．
Les enfants **font** tout de suite **leurs devoirs** après l’école.	子供たちは学校が終わるとすぐに宿題をします．
Elle **fait des efforts pour** maigrir.	彼女はやせるために努力をしています．
Elle **a gagné de l’argent** pour payer ses études.	彼女は学費を払うためにお金を稼ぎました．
Mon fils **gagne** bien **sa vie**.	私の息子は結構稼いでいます．
Il **joue du piano** depuis l’âge de 5 ans.	彼は５歳のときからピアノを弾いています．
Elle **passe des heures au** téléphone [**à** téléphoner].	彼女は電話に何時間も費やします．

39

184 □ □	**passer son enfance**	子供時代を過ごす
185 □ □	**passer un examen**	試験を受ける
186 □ □	**poser une question**	質問する
187 □ □	**pratiquer un sport**	スポーツをする
188 □ □	**prendre rendez-vous chez [avec]** ＋人	～に（診察・面会などの）予約をする
189 □ □	**prendre sa retraite**	引退する，（定年）退職する
190 □ □	**prendre un bain**	風呂に入る ▸ **prendre une douche**　シャワーを浴びる
191 □ □	**prendre une photo**	写真をとる
192 □ □	**rater l'avion**	飛行機に乗り遅れる ▸ rater le train　電車に乗り遅れる
193 □ □	**rendre visite à** ＋人	（目上の人など）を訪問する

Nous avons passé notre enfance à la campagne.	私たちは田舎で子供時代を過ごしました.
Je vais passer un examen important demain.	私は明日重要な試験を受けます.
J'ai posé une question au professeur sur l'examen.	私は試験について先生に質問しました.
Vous pratiquez un sport actuellement ?	あなたは今何かスポーツをしていますか？
J'ai pris rendez-vous chez le coiffeur pour mercredi prochain.	私は次の水曜日に美容院の予約をしました.
Mon père a pris sa retraite cette année.	私の父は今年定年退職しました.
Je prends un bain tous les jours.	私は毎日風呂に入ります.
Elle adore prendre des photos d'animaux.	彼女は動物の写真をとるのが大好きです.
Nous avons raté l'avion ce matin.	私たちは今朝飛行機に乗り遅れました.
Le week-end prochain, je vais rendre visite à mon professeur de lycée.	私は次の週末に高校の先生を訪ねます.

194 □□	**se laver les mains**	手を洗う
195 □□	**serrer la main à** + 人	～と握手する
196 □□	**suivre un cours**	授業を受ける
197 □□	**tenir un magasin**	店をやっている ▸ tenir un café　カフェをやっている

2)　動詞＋ à　40

198 □□	**aider**（＋人）**à** ＋不定詞	(～が) ～するのを手伝う
199 □□	**apprendre à** ＋不定詞	～することを習う
200 □□	**assister à** ＋もの	～に出席する
201 □□	**commencer à** ＋不定詞	～し始める
202 □□	**continuer à [de]** ＋不定詞	～し続ける

Lave-toi les mains avant de manger.	食事の前に手を洗って.
Le président de la République lui **a serré la main**.	大統領は彼と握手しました.
Je **suis un cours** de français tous les samedis.	私は毎週土曜日，フランス語の授業に出ています.
Ils **tiennent un magasin** dans cette ville depuis 30 ans.	彼らは 30 年前からこの町で店をやっています.

Elle **a aidé** sa mère **à** faire la cuisine.	彼女はお母さんが料理をするのを手伝いました.
Il **apprend à** conduire.	彼は自動車の運転を習っています.
J'**ai assisté à** leur mariage.	私は彼らの結婚式に出席しました.
J'**ai commencé à** lire ce livre hier.	私はこの本を昨日読み始めました.
Elle **continue à** jouer du violon dans cet orchestre depuis 10 ans.	彼女は 10 年前からずっとこのオーケストラでヴァイオリンを弾いています.

203 □ □	**frapper à la porte**	ドアをノックする
204 □ □	**hésiter à** ＋不定詞	～することを迷う，ためらう
205 □ □	**penser à** ＋人・もの・不定詞	～のことを考える，～することを考える
206 □ □	**plaire à** ＋人	～の気に入る，好まれる
207 □ □	**réfléchir à [sur]** ＋人・もの	～をよく考える
208 □ □	**répondre à** ＋人・もの	～に答える，返事をする
209 □ □	**ressembler à** ＋人・もの	～に似ている
210 □ □	**réussir à** ＋もの・不定詞	～に成功する，～することに成功する，うまく～することができる
211 □ □	**s'intéresser à** ＋人・もの	～に興味がある
212 □ □	**se blesser à** ＋体の部位を表す名詞	～を怪我する

Quelqu'un a frappé à la porte ce matin.	今朝誰かがドアをノックしました.
J'hésite à acheter cette robe parce qu'elle est un peu chère.	ちょっと高いのでこのワンピースを買うのをためらっています.
Il a pensé à elle toute la journée.	彼は1日中彼女のことを考えていました.
Ce nouveau dessert plaît bien aux clients.	この新しいデザートはお客さんに気に入られています.
Il faut bien réfléchir à sa proposition.	彼の提案についてよく考えなければならない.
Il a répondu tout de suite à mon mail.	彼は私のメールにすぐ返事をくれました.
Elle ressemble beaucoup à son père.	彼女は彼女のお父さんにとてもよく似ています.
Il a réussi à prendre son train.	彼はうまく電車に乗ることができました.
Je m'intéresse à la politique.	私は政治に興味を持っています.
Je me suis blessé(e) à la jambe.	私は脚に怪我をしました.

3) 動詞＋ de 41

213 □ □	**accepter de** ＋不定詞	～することを承諾する
214 □ □	**arrêter de** ＋不定詞	～することをやめる ≒ cesser de ＋不定詞
215 □ □	**changer de** ＋もの	～を変える，換える ▸ **changer d'idée** 考えを変える
216 □ □	**conseiller**（**à** ＋人）**de** ＋不定詞	（～に）～することを勧める
217 □ □	**demander**（**à** ＋人）＋ **de** ＋不定詞	（～に）～するよう求める，（～に）～して欲しいと言う
218 □ □	**dépendre de** ＋人・もの	～次第である，～に依存する
219 □ □	**dire**（**à** ＋人）**de** ＋不定詞	（～に）～するように言う
220 □ □	**empêcher** ＋人＋ **de** ＋不定詞	～が～するのを妨げる
221 □ □	**essayer de** ＋不定詞	～することを試みる

J'**ai accepté de** travailler avec eux.	私は彼らと一緒に仕事することを承諾しました.
Mon frère **a arrêté de** fumer.	私の兄はタバコを吸うことをやめました.
Vous devez **changer de** train à la prochaine gare.	あなたは次の駅で電車を乗り換えなければいけません.
Je **conseille à** mes amis **d'**aller voir ce film.	私は友達にその映画を見に行くことを勧めています.
J'**ai demandé à** un agent de police **de** m'indiquer le chemin.	私は警官に道を教えて欲しいと言いました.
Notre programme de la journée **dépendra du** temps.	今日何をするかは天気次第です.
Le professeur nous **a dit de** faire ce devoir.	先生は私たちにこの宿題をするように言いました.
Elle **empêche** ses enfants **de** trop manger.	彼女は子供たちが食べすぎないようにしています.
Nous **avons essayé d'**utiliser ce nouvel appareil.	私たちはこの新しい機器を使ってみました.

42

222 ☐ ☐	**finir de** +不定詞	～し終わる
223 ☐ ☐	**grossir de ... kilo(*s*)**	～キロ太る
224 ☐ ☐	**interdire** (**à** +人) **de** +不定詞	(～に) ～することを禁じる
225 ☐ ☐	**oublier de** +不定詞	～することを忘れる
226 ☐ ☐	**permettre** (**à** +人) **de** +不定詞	(～が) ～することを許可する
227 ☐ ☐	**profiter de** +人・もの	～を活用する，利用する
228 ☐ ☐	**proposer** (**à** +人) **de** +不定詞	(～に) ～することを提案する
229 ☐ ☐	**refuser de** +不定詞	～することを拒否する，断る
230 ☐ ☐	**remercier** +人+ **de [pour]** +もの	～に～を感謝する，お礼を言う
231 ☐ ☐	**rêver de** +人・もの・不定詞	～を夢見る，～することを夢見る

Ils **finissent de** dîner vers 8 heures.	彼らは８時頃に夕食を食べ終わります.
J'**ai grossi de** 3 **kilos** en un an.	私は１年間で３キロ太りました.
La mère **a interdit à** ses enfants **de** regarder la télé après 21 heures.	お母さんは子供たちに夜９時以後テレビを見ることを禁止しました.
J'**ai oublié d'**acheter du pain.	パンを買うのを忘れました.
Ma mère **a permis à** mes frères **de** sortir ce soir.	私の母は今夜弟たちが外出するのを許しました.
Je vais **profiter de** mes vacances pour me reposer.	私はバカンスを利用して,休養します.
Il **a proposé à** ses amis **de** venir chez lui.	彼は友達に家に来ることを提案しました.
Nous **avons refusé de** l'aider.	私たちは彼を助けることを断りました.
Je vous **remercie de** votre cadeau.	贈り物, ありがとうございます.
Elle **rêve de** voyager dans ce pays.	彼女はその国へ旅行することを夢見ています.

232 □ □	**s'approcher de** +人・もの	～に近づく
233 □ □	**s'inquiéter de [pour]** +人・もの	～を心配する
234 □ □	**s'occuper de** +人・もの	～の世話をする
235 □ □	**se moquer de** +人・もの	～を馬鹿にしてからかう，意にも介さない
236 □ □	**se servir de** +もの	～を使う
237 □ □	**se souvenir de** +人・もの	～を覚えている，思い出す
238 □ □	**se tromper de** +もの	～を間違う
239 □ □	**venir de** +不定詞	～したばかりだ

4） 動詞＋その他の前置詞 🎧 43

240 □ □	**appuyer sur** +もの	～を押す

Mon chien **s'approche de** moi quand il a faim.	私の犬はお腹がすくと私に近寄ってきます.
Je **m'inquiète de** son avenir.	私は彼の将来を心配しています.
Elle **s'occupe** bien **de** ses parents.	彼女はよく両親の面倒を見ています.
Il **se moque** toujours **de** moi.	彼はいつも私を馬鹿にします.
Je **me sers** tous les jours **de** mon ordinateur.	私は毎日パソコンを使います.
Nous **nous souvenons** souvent **d'**eux.	私たちは彼らのことをよく思い出します.
Tu **t'es** sans doute **trompé(e) de** jour.	君はたぶん日にちを間違えたのだ.
Nous **venons d'**arriver à Paris.	私たちはパリに着いたところです.

On **appuie sur** ce bouton pour allumer cet ordinateur.	このパソコンの電源を入れるには，このボタンを押します.

241 □ □	**arriver en avance**	(定刻より) 早く到着する ↔**arriver en retard** (定刻より) 遅く到着する
242 □ □	**commencer par** +もの・不定詞	～から始める，まず始めに～する
243 □ □	**dîner en ville**	外食する
244 □ □	**donner sur** +もの	～に面している
245 □ □	**finir par** +もの・不定詞	～で終わりにする，最後に～する
246 □ □	**partir en [à la] retraite**	(定年) 退職する ≒ prendre sa retraite
247 □ □	**partir en voyage**	旅に出る
248 □ □	**se marier avec** +人	～と結婚する

5) être +名詞・前置詞句・その他 🎧 44

249 □ □	**être à l'heure**	時間通りである

Nous sommes arrivés en avance à la gare.	私たちは駅に時間より早く着きました。
Elle a commencé par faire ses devoirs.	彼女はまず先に宿題をしました。
On dîne en ville tous les mercredis soirs.	私たちは水曜日の夜はいつも外食します。
Toutes les chambres de notre hôtel donnent sur la mer.	私たちのホテルの部屋はすべて海に面しています。
Il a fini par abandonner ce projet.	彼は最後にはその計画をあきらめました。
Mon père est parti en retraite l'année dernière.	私の父は去年定年退職しました。
Nous partons en voyage samedi pour l'Italie.	私たちは土曜日にイタリア旅行に出発します。
Mon frère va se marier avec une Italienne.	私の兄はイタリア人と結婚します。

Il est toujours à l'heure à ses rendez-vous.	彼は待ち合わせの約束にはいつも時間通りに来ます。

250	**être à la mode**	流行している
251	**être ami(*e*) depuis ... an(*s*)**	～年前から仲がよい
252	**être au [en] chômage**	失業中である
253	**être au lit**	寝ている
254	**être d'accord avec** ＋人	～と同意見である
255	**être d'origine ...**	（国籍など）系である
256	**être en bonne santé**	健康である ↔être en mauvaise santé　健康がすぐれない
257	**être en colère** （**contre** ＋人）	（～に）怒っている ▸ **se mettre en colère**　怒る
258	**être en forme**	元気である
259	**être en grève**	ストライキ中である ▸ faire la grève　ストライキをする

Cette couleur **est à la mode** cette année.	今年はこの色が流行りです.
Nous **sommes amis depuis** 10 **ans**.	私たちは 10 年来の友達です.
Beaucoup de gens **sont** actuellement **au [en] chômage**.	現在，たくさんの人が失業しています.
Comme il est malade, il **est au lit**.	彼は病気なので，寝ています.
Je **suis d'accord avec** toi.	私は君と同じ意見です.
Ils **sont d'origine** anglaise.	彼らはイギリス出身です.
Mes grands-parents **sont** encore **en bonne santé**.	私の祖父母はまだ健康です.
Elle **est en colère contre** moi.	彼女は私に怒っています.
Comme je fais régulièrement du sport, je **suis en forme**.	定期的に運動をしているので，私は元気です.
Les transports en commun **sont** souvent **en grève** en France.	フランスでは，公共交通機関はよくストライキをします.

260	**être en train de** ＋不定詞	〜しているところである
261	**être en vacances**	休暇中である ▸ **être en voyage**　旅行中である
262	**être obligé(e) de** ＋不定詞	〜しなければならない，〜せざるを得ない
263	**être pour** ＋人・もの	〜に賛成である ↔**être contre** ＋人・もの　〜に反対である
264	**être prêt(e) à** ＋不定詞	〜する準備が整っている
265	**être reçu(e) à** (un concours)	（試験）に合格する

Nous **étions en train de** manger quand mon père est rentré.	父が帰ってきたとき，私たちは食事を**しているところでした**.
Nous **serons en vacances** dans un mois.	私たちは１か月したら**バカンスになります**.
Elle **est obligée de** rentrer tout de suite chez elle.	彼女はすぐに家に帰ら**なければならない**.
Je **suis pour** ce nouveau projet.	私はこの新しい計画**に賛成です**.
Elle **est prête à** partir.	彼女は出発**する準備ができています**.
Il **a été reçu à** son concours d'entrée.	彼は入学試験**に受かりました**.

フランス語らしいフランス語に近づけるために

幼児は周りの言葉を何度も聞きながら，音を区別し，言葉の意味を覚え，文法・用法などを身につけていきます．幼児期は受動的に全てを同じレベルで受け取り，それをもとに自分の言語を作っていきます．しかし，この能力は６歳頃を境に，徐々に弱まっていきます．それは，情報伝達に何が重要なのか認識する能力が発達するにつれて，受け取った言語の中で注意するものと，あまり注意しないものがでてくるからです．例えば，フランス語の場合，主語，動詞，目的語に注意すれば，ある程度文の意味は分かりますね．その結果，冠詞，前置詞，単数・複数の違い，などは無視されがちになります．しかし，正しいフランス語を書いたり，話したりしようとすると，これらの要素は無視できません．それでは，どうしたらいいでしょうか？

一番簡単なのは，テキストを読み終わった後，ちょっと時間をとって，今度は，冠詞，前置詞，単数・複数の違いなどに注意しながら，もう一度テキストを読むことです．せっかく苦労して訳したのに，それだけで終わるのはもったいないです．どうしてそうなるのか分からなかったら，先生に質問しましょう．喜んで説明してくれるはずです．

次に，時間に余裕があれば，フランス語の文をそのまま書き写すことです．単に読むだけよりも，書いた方が文を暗記しやすいし，冠詞，前置詞，単数・複数の違いだけでなく，文の構成，語順など細かいことが徐々に分かってきます．書き写しながら正しい文を覚えておけば，作文や，ひいては会話の上達への最良の助けとなります．おまけに，書き写すだけなら，誰の助けも借りずに，自分一人でできますよね？

3

テーマ別基本語彙

1. 国・国籍
2. 言語
3. 職業，身分
4. 家族，人間関係など
5. 日用品
6. 動物，花・植物
7. 数字
8. 曜日，月，季節など
9. 天候
10. 時刻
11. 時を表す表現
12. 日常動作
13. スポーツ，趣味・余暇
14. 衣類など，色
15. 交通機関
16. 町・公共の建物や店など，位置の表現
17. 地理，自然，方位
18. 身体，健康
19. 住宅，家具，食器
20. 食事，食べ物，飲み物，量・単位

1. 国・国籍

45

Quelle est votre nationalité ? De quelle nationalité êtes-vous ?	あなたの国籍は何ですか？
– Je suis japonais(e).	– 日本人です.

001	**pays** 男	国
002	**nationalité** 女	国籍

	大陸・国	形容詞	
003	**l'Asie** 女	**asiatique**	アジア
004	**la Chine**	**chinois, chinoise**	中国
005	**la Corée**	**coré*en*, coré*enne***	韓国
006	**le Japon**	**japonais, japonaise**	日本

007	**l'Europe** 女	**europé*en*, europé*enne***	ヨーロッパ
008	**l'Allemagne** 女	**allemand, allemande**	ドイツ
009	**l'Angleterre** 女	**anglais, anglaise**	イギリス
010	**la Belgique**	**belge**	ベルギー
011	**l'Espagne** 女	**espagnol, espagnole**	スペイン
012	**la France**	**français, française**	フランス
013	**l'Italie** 女	**itali*en*, itali*enne***	イタリア
014	**la Suisse**	**suisse**	スイス

☐	015	**la Russie**	**russe**	ロシア

☐	016	**les États-Unis**	**américain, américaine**	アメリカ
☐	017	**le Canada**	**canadi*en*, canadi*enne***	カナダ
☐	018	**le Brésil**	**brésili*en*, brésili*enne***	ブラジル
☐	019	**le Mexique**	**mexicain, mexicaine**	メキシコ

注 名詞として「～人」と言うときは形容詞と同じ形を使います．ただし，**un Japonais, une Japonaise** のように，最初の文字を大文字にします．

2. 言語

🎧 46

Quelle(s) langue(s) parlez-vous ?　あなたは何語を話せますか？
– Je parle anglais et un peu français.　– 私は英語と，フランス語を少し話せます．

☐	020	**langue** 囡	言語
☐	021	**allemand**	ドイツ語
☐	022	**anglais**	英語
☐	023	**arabe**	アラビア語
☐	024	**chinois**	中国語
☐	025	**coréen**	韓国語
☐	026	**espagnol**	スペイン語
☐	027	**français**	フランス語

☐ 028	**italien**	イタリア語
☐ 029	**japonais**	日本語
☐ 030	**russe**	ロシア語

注 言語の名詞は **le japonais, le français, l'anglais** のように，**男性形**です．
自分が話せる言語を言うときには，ふつう，冠詞はつけません．

3. 職業，身分

🎧 47

Qu'est-ce que vous faites ? Quelle est votre profession ?	あなたの職業は何ですか？
– Je travaille dans une banque.	– 私は銀行に勤めています．
– Je suis retraité(*e*).	– 私は定年退職者です．
– Je suis sans profession.	– 無職です．
– Je suis employé(*e*) de bureau.	– 会社員です．
– Je suis étudiant(*e*) à l'université …	– 〜大学の学生です．

1） 職業 🎧 48

☐ 031	**profession** 女	職業
☐ 032	**ac*teur*** 男， **ac*trice*** 女	俳優，女優
☐ 033	**agent de police** 男	警察官
☐ 034	**avocat** 男， **avocate** 女	弁護士
☐ 035	**chanteu*r*** 男， **chanteu*se*** 女	歌手
☐ 036	**dentiste** 男 女	歯医者

⧄	037	**écrivain** 男	作家
⧄	038	**guide** 男 女	ガイド
⧄	039	**infirmier** 男, **infirmière** 女	看護師
⧄	040	**ingénieur** 男, **ingénieure** 女	エンジニア
⧄	041	**interprète** 男 女	通訳
⧄	042	**journaliste** 男 女	記者
⧄	043	**médecin** 男	医者
⧄	044	**peintre** 男 女	画家
⧄	045	**photographe** 男 女	写真家，カメラマン
⧄	046	**pianiste** 男 女	ピアニスト
⧄	047	**professeur** 男, **professeure** 女	先生
⧄	048	**secrétaire** 男 女	秘書
⧄	049	**serveur** 男, **serveuse** 女	ウエーター，ウエートレス
⧄	050	**vendeur** 男, **vendeuse** 女	販売員，店員

🎧 49

店	人（店主・店員）
⧄ 051 **boucherie** 女 肉屋	⧄ 052 **boucher** 男 **bouchère** 女 } 肉屋
⧄ 053 **boulangerie** 女 パン屋	⧄ 054 **boulanger** 男 **boulangère** 女 } パン屋
⧄ 055 **chez le [la] fleuriste** 男 女 花屋（のお店）に	⧄ 056 **fleuriste** 男 女 花屋

057	**pâtisserie**	女	ケーキ屋
058	**pâtissie*r*** / **pâtissiè*re***	男 / 女	ケーキ屋
059	**pharmacie**	女	薬局
060	**pharmacie*n*** / **pharmacie*nne***	男 / 女	薬剤師
061	**salon de coiffure**	男	美容院
062	**coiffeu*r*** / **coiffeu*se***	男 / 女	理髪師・美容師
063	**librairie**	女	本屋
064	**libraire**	男女	本屋

注 Je vais **à** la boulangerie, je vais **chez** le boulanger.　私はパン屋へ行く.

2）身分　50

065	**employé** 男, **employée** 女	従業員，社員
066	**fonctionnaire** 男女	公務員
067	**président** 男, **présidente** 女	社長，学長，大統領
068	**salarié** 男, **salariée** 女	会社員

学校				生徒			
069	**école**	女	学校	070	**élève**	男女	生徒
071	**école primaire**	女	小学校	072	**écolie*r*** / **écoliè*re***	男 / 女	小学生
073	**collège**	男	中学校	074	**collégie*n*** / **collégie*nne***	男 / 女	中学生

075	**lycée** 男	高校
076	**lycé*en*** 男 / **lycé*enne*** 女	高校生
077	**université** 女	大学
078	**faculté** 女	学部，大学
079	**étudiant** 男 / **étudiante** 女	大学生

4. 家族，人間関係など

1) 家族 51

080	**famille** 女	家族
081	**grands-parents** 男 複	祖父母
082	**grand-père** 男	祖父
083	**grand-mère** 女	祖母
084	**parents** 男 複	両親
085	**père** 男	父
086	**mère** 女	母
087	**couple** 男	夫婦
088	**mari** 男	夫
089	**femme** 女	妻
090	**enfant** 男 女	子供
091	**petits-enfants** 男 複	孫たち
092	**fils** 男	息子 ▸ petit-fils 男 孫（男の子）
093	**fille** 女	娘 ▸ petite-fille 女 孫（女の子）

094	**frère** 男	兄弟
095	**sœur** 女	姉妹
096	**oncle** 男	おじ
097	**tante** 女	おば
098	**cousin** 男	従兄弟
	cousine 女	従姉妹
099	**neveu** 男	甥
100	**nièce** 女	姪

2) 人間関係など 52

101	**ami** 男	友人 ▸ petit ami 男 ボーイフレンド
	amie 女	友人 ▸ petite amie 女 ガールフレンド
102	**bébé** 男	赤ん坊
103	**camarade** 男 女	仲間
104	**collègue** 男 女	同僚
105	**copain** 男	友人 ▸ petit copain 男 ボーイフレンド
	copine 女	友人 ▸ petite copine 女 ガールフレンド
106	**dame** 女	婦人，女性
107	**femme** 女	女，女性

108	**fille** [女]	女の子
109	**garçon** [男]	男の子
110	**gens** [男][複]	人々
111	**homme** [男]	人間，男性
112	**madame** [女]	(＋姓) ～さん ▷ 女性に対する敬称，呼びかけ．以前は未婚女性には **Mademoiselle** と言っていたが，現在では Madame をよく使う．（略号 Mme）
113	**monsieur** [男]	(＋姓) ～氏，～さん，男の人 ▷ 男性に対する敬称，呼びかけ．（略号 M.）
114	**personne** [女]	人，人間
115	**personne âgée** [女]	年寄り
116	**voisin** [男], **voisine** [女]	隣人

5. 日用品

53

117	**cahier** [男]	ノート
118	**ciseaux** [男][複]	ハサミ
119	**clé** [女]	鍵，キー ＝ **clef**
120	**crayon** [男]	鉛筆
121	**dictionnaire** [男]	辞典
122	**gomme** [女]	消しゴム
123	**livre** [男]	本

⧄	124	**lunettes** 女 複	眼鏡
⧄	125	**montre** 女	腕時計
⧄	126	**mouchoir** 男	ハンカチ
⧄	127	**ordinateur** 男	コンピュータ
⧄	128	**parapluie** 男	傘
⧄	129	**passeport** 男	パスポート
⧄	130	(téléphone) **portable** 男	携帯電話
⧄	131	**porte-monnaie** 男	小銭入れ，財布
⧄	132	**portefeuille** 男	財布
⧄	133	**sac** 男	バッグ，鞄
⧄	134	**stylo** 男	ペン

6. 動物，花・植物

1）動物 🎧 54

⧄	135	**anim*al*** 男， **anim*aux*** 複	動物
⧄	136	**bœuf** 男， **bœufs** 複	牛 ▸ vache 女 雌牛
⧄	137	**chat** 男	猫
⧄	138	**chev*al*** 男， **chev*aux*** 複	馬
⧄	139	**chèvre** 女	ヤギ
⧄	140	**chien** 男	犬
⧄	141	**lapin** 男	うさぎ
⧄	142	**lion** 男	ライオン
⧄	143	**mouton** 男	羊

☐	144	**oiseau** 男, **oiseau*x*** 複	鳥
☐	145	**poisson** 男	魚
☐	146	**porc** 男	豚

2) 花・植物 55

☐	147	**fleur** 女	花 ▸ **fleur de cerisier** 女 桜の花
☐	148	**rose** 女	バラ
☐	149	**tulipe** 女	チューリップ
☐	150	**arbre** 男	木
☐	151	**plante** 女	植物

7. 数字

1) 基数 ▸ 69 語　56

0	zéro		
1	un [une]	21	vingt et un [une]
2	deux	22	vingt-deux
3	trois	23	vingt-trois
4	quatre	24	vingt-quatre
5	cinq	25	vingt-cinq
6	six	26	vingt-six
7	sept	27	vingt-sept
8	huit	28	vingt-huit
9	neuf	29	vingt-neuf
10	dix	30	trente
11	onze	40	quarante
12	douze	50	cinquante
13	treize	60	soixante
14	quatorze	70	soixante-dix
15	quinze	71	soixante et onze
16	seize	72	soixante-douze
17	dix-sept	73	soixante-treize
18	dix-huit	74	soixante-quatorze
19	dix-neuf	75	soixante-quinze
20	vingt	76	soixante-seize

77	soixante-dix-sept	111	cent onze
78	soixante-dix-huit	200	deux cents
79	soixante-dix-neuf	201	deux cent un [une]
80	quatre-vingts	300	trois cents
81	quatre-vingt-un [une]	400	quatre cents
90	quatre-vingt-dix	500	cinq cents
91	quatre-vingt-onze	600	six cents
100	cent	700	sept cents
101	cent un	800	huit cents
110	cent dix	900	neuf cents

1 000	mille	1 000 000	un million
10 000	dix mille	1 000 000 000	un milliard
100 000	cent mille		

1999	mille neuf cent quatre-vingt-dix-neuf
2018	deux mille dix-huit
2020	deux mille vingt

2) 序数 ▸15 語 🎧 57

1er	**premier** 男, 1ère **première** 女	8^{e}	**huitième** 男 女
2^{e}	**deuxième / second(e)** 注 男 女	9^{e}	**neuvième** 男 女
3^{e}	**troisième** 男 女	10^{e}	**dixième** 男 女
4^{e}	**quatrième** 男 女	11^{e}	**onzième** 男 女
5^{e}	**cinquième** 男 女	20^{e}	**vingtième** 男 女
6^{e}	**sixième** 男 女	21^{e}	**vingt et unième** 男 女
7^{e}	**septième** 男 女	30^{e}	**trentième** 男 女

注 **deuxième, second**(*e*)（2 番目の）の使い方：通常は deuxième を用い，second(*e*) は特定の表現に限られる.

8. 曜日・月・季節など

🎧 58

Quel est le jour de ton anniversaire ?	君の誕生日は何日ですか？
– C'est le 8 juillet.	– 7 月 8 日です.
Quel est ton jour préféré ?	一番好きな曜日は何ですか？
– C'est le samedi.	– 土曜日です.
Quelle est ta saison préférée ?	一番好きな季節は何ですか？
– C'est le printemps.	– 春です.
Quel jour sommes-nous aujourd'hui ?	今日は何曜日ですか？
– Nous sommes lundi.	– 月曜日です.
Nous sommes le combien aujourd'hui ?	今日は何日ですか？
– Nous sommes le 17 avril.	– 4 月 17 日です.

1） 曜日　59

236	**jour** 男	曜日			
237	**lundi**	月曜日	241	**vendredi**	金曜日
238	**mardi**	火曜日	242	**samedi**	土曜日
239	**mercredi**	水曜日	243	**dimanche**	日曜日
240	**jeudi**	木曜日			

2） 月　60

244	**mois** 男	月			
245	**janvier**	1月	251	**juillet**	7月
246	**février**	2月	252	**août**	8月
247	**mars**	3月	253	**septembre**	9月
248	**avril**	4月	254	**octobre**	10月
249	**mai**	5月	255	**novembre**	11月
250	**juin**	6月	256	**décembre**	12月

3） 季節　61

257	**saison** 女	季節			
258	**le printemps** 男	春	260	**l'automne** 男	秋
259	**l'été** 男	夏	261	**l'hiver** 男	冬

注 曜日・月・季節を表す名詞は**すべて男性名詞**です.
en janvier　1月，**en** octobre　10月に
au printemps　春に，**en** été　夏に，**en** automne　秋に，**en** hiver　冬に
曜日の場合は，**le** lundi のようになると「**毎**月曜日」という意味になります.

4) その他 62

262	**an**	男	～年，～歳
263	**année**	女	～年，学年
264	**date**	女	期日，日付
265	**semaine**	女	週
266	**week-end**	男	ウィークエンド，週末
267	**anniversaire**	男	誕生日，記念日
268	**fête**	女	祝祭，お祭り，パーティー
269	**jour de congé**	男	休日
270	**jour férié**	男	祭日
271	**Noël**	男	クリスマス
272	**le jour de l'an**	男	元旦

9. 天候

63

Quel temps fait-il aujourd'hui ? 今日の天気はどう？
– Il fait froid et il pleut. – 寒い，雨が降っています．

273	**Il fait beau.**	天気がよい．
274	**Il fait mauvais.**	天気が悪い．
275	**Il fait doux.**	暖かい．
276	**Il fait froid.**	寒い．
277	**Il fait chaud.**	暑い．

⧄	278	**Il fait frais.**	涼しい.
⧄	279	**Il pleut.**	雨が降っています.
⧄	280	**Il neige.**	雪が降っています.
⧄	281	**Il y a des nuages.**	曇っています.
⧄	282	**Il y a du vent.**	風があります.
⧄	283	**Il fait environ 25 degrés.**	25 度ぐらいです.

10. 時刻

🎧 64

Quelle heure est-il ?	何時ですか？
– Il est 11 heures.	– 11 時です.

⧄	284	**1h00**	une heure
⧄	285	**2h00**	deux heures
⧄	286	**3h00**	trois heures
⧄	287	**4h00**	quatre heures
⧄	288	**5h00**	cinq heures
⧄	289	**6h00**	six heures
⧄	290	**7h00**	sept heures
⧄	291	**8h00**	huit heures
⧄	292	**9h00**	neuf heures
⧄	293	**10h00**	dix heures
⧄	294	**11h00**	onze heures
⧄	295	**12h00**	midi
⧄	296	**12h55**	douze heures cinquante-cinq = une heure moins cinq
⧄	297	**1h05**	une heure cinq
⧄	298	**2h10**	deux heures dix
⧄	299	**3h15**	trois heures quinze = trois heures et quart

300	**6h30**	six heures trente = six heures et demie
301	**8h40**	huit heures quarante = neuf heures moins vingt
302	**10h45**	dix heures quarante-cinq = onze heures moins le quart
303	**13h**	treize heures
304	**14h15**	quatorze heures quinze
305	**15h30**	quinze heures trente
306	**16h45**	seize heures quarante-cinq
307	**00h00**	minuit

308	**heure** 女	時間，～時
309	**minute** 女	分
310	**seconde** 女	秒
311	**demi-heure** 女	30 分
312	**quart d'heure** 男	15 分

11. 時を表す表現

65

313	**le matin**	朝
314	**ce matin**	今朝
315	**l'après-midi** 男	午後
316	**cet après-midi**	今日の午後

317	**le soir**	晩
318	**ce soir**	今晩
319	**la nuit**	夜
320	**cette nuit**	今夜
321	**hier**	昨日
322	**avant-hier**	一昨日
323	**aujourd'hui**	今日
324	**demain**	明日
325	**après-demain**	明後日
326	**la semaine dernière**	先週
327	**cette semaine**	今週
328	**la semaine prochaine**	来週
329	**la semaine suivante**	次の週
330	**le mois dernier**	先月
331	**ce mois-ci**	今月
332	**le mois prochain**	来月
333	**le mois suivant**	次の月
334	**l'année dernière**	去年　**= l'an dernier**
335	**l'année prochaine**	来年　**= l'an prochain**
336	**cette année**	今年
337	**maintenant**	今　▸ **en ce moment**
338	**il y a trois jours**	（今から）3日前
339	**trois jours avant**	その3日前

340	**dans six mois**	(今から) 6 か月後
341	**six mois après**	その 6 か月後
342	**chaque jour**	毎日　= **tous les jours**
343	**chaque matin**	毎朝　= **tous les matins**
344	**chaque mardi**	毎火曜日　= **tous les mardis**
345	**chaque semaine**	毎週　= **toutes les semaines**
346	**chaque année**	毎年　= **tous les ans**
347	**le vingt et unième siècle**	21 世紀　▶ au vingt et unième siècle　21 世紀に

12. 日常動作

🎧 66

348	**se réveiller**	目が覚める
349	**se lever**	起きる
350	**prendre le petit déjeuner**	朝食を取る
351	**se préparer**	用意する
352	**se laver le visage**	顔を洗う ▶ se laver les mains　手を洗う
353	**faire sa toilette**	洗顔する
354	**se brosser les dents**	歯を磨く
355	**se coiffer**	髪を整える
356	**s'habiller**	洋服を着る
357	**sortir**	外出する

358	**aller au bureau**	会社に行く
359	**faire un petit job [travail]**	アルバイトをする
360	**travailler**	仕事をする，勉強をする
361	**aller à l'université**	大学へ行く
362	**avoir des cours**	授業がある
363	**déjeuner**	昼食を取る
364	**faire des [les] courses**	買い物をする
365	**rencontrer des ami(e)s**	友達に会う
366	**rentrer (à la maison)**	帰宅する
367	**faire la cuisine**	料理を作る
368	**faire le ménage**	掃除をする
369	**faire la vaisselle**	皿洗いをする
370	**dîner**	夕食を取る
371	**regarder la télé(vision)**	テレビを見る
372	**lire le journal**	新聞を読む
373	**téléphoner**	電話する
374	**envoyer un e-mail**	メールを送る
375	**aller sur Internet**	インターネットをする
376	**prendre un bain**	風呂に入る
377	**prendre une douche**	シャワーを浴びる ≒ **se doucher**
378	**se coucher**	寝る
379	**dormir**	眠る
380	**rêver**	夢を見る

13. スポーツ，趣味・余暇

1) スポーツ 67

☐	381	**sport** 男	スポーツ
☐	382	**baseball** 男	野球
☐	383	**football** 男	サッカー
☐	384	**jogging** 男	ジョギング
☐	385	**judo** 男	柔道
☐	386	**marche** 女	歩くこと，ウォーキング
☐	387	**natation** 女	水泳
☐	388	**patinage** 男	スケート
☐	389	**ski** 男	スキー
☐	390	**tennis** 男	テニス
☐	391	**équipe** 女	チーム
☐	392	**match** 男	試合

2) 趣味・余暇 68

☐	393	**danse** 女	ダンス
☐	394	**exposition** 女	展覧会，展示会
☐	395	**film** 男	映画
☐	396	**lecture** 女	読書
☐	397	**peinture** 女	絵画
☐	398	**théâtre** 男	劇場，演劇
☐	399	**musique** 女	音楽

☐	400	**guitare** 女	ギター
☐	401	**piano** 男	ピアノ
☐	402	**violon** 男	ヴァイオリン

☐	403	**aimer la musique**	音楽が好きです ▶ **aimer le sport** スポーツが好きです
☐	404	**aller au cinéma**	映画館へ行く ▶ **aller au concert** コンサートへ行く
☐	405	**aller au musée**	美術館へ行く
☐	406	**chanter**	歌う
☐	407	**danser**	踊る
☐	408	**écouter de la musique**	音楽を聞く
☐	409	**écouter la radio**	ラジオを聞く
☐	410	**faire du sport**	スポーツをする
☐	411	**faire du tennis**	テニスをする ≒ **jouer au tennis**
☐	412	**jouer de la guitare**	ギターを弾く ≒ **faire de la guitare**
☐	413	**lire**	読む
☐	414	**regarder la télé(vision)**	テレビを見る
☐	415	**regarder [voir] un film**	映画を見る
☐	416	**regarder un match de football**	サッカーの試合を見る
☐	417	**s'entraîner**	（スポーツなどの）練習する
☐	418	**voir une exposition**	展覧会を見る

419	**voyager**	旅行する

14.　衣類など，色

1）　衣類など　69

420	**vêtement** 男	衣類，洋服
421	**chemise** 女	ワイシャツ
422	**chemisier** 男	ブラウス
423	**costume** 男	（男性用）スーツ，背広
424	**imper(méable)** 男	レインコート
425	**jean** 男	ジーンズ
426	**jupe** 女	スカート
427	**maillot de bain** 男	水着
428	**manteau** 男	コート
429	**pantalon** 男	ズボン
430	**polo** 男	ポロシャツ
431	**pull(-over)** 男	セーター
432	**pyjama** 男	パジャマ
433	**robe** 女	ワンピース，ドレス
434	**tailleur** 男	（女性用）スーツ
435	**T-shirt** 男	T シャツ　= **tee-shirt**
436	**veste** 女	ジャケット
437	**uniforme** 男	制服
438	**ceinture** 女	ベルト

439	**chapeau** 男	帽子
440	**chaussette** 女	(多く複で) 靴下
441	**chaussure** 女	(多く複で) 靴
442	**cravate** 女	ネクタイ
443	**écharpe** 女	マフラー
444	**foulard** 男	スカーフ
445	**gant** 男	(多く複で) 手袋 ▶ une paire de gants　手袋一組

🎧 70

446	**bijou** 男, **bijoux** 複	宝石
447	**bague** 女	指輪
448	**collier** 男	ネックレス ▶ collier en argent　銀のネックレス ▶ collier en or　金のネックレス
449	**marque** 女	ブランド
450	**mode** 女	流行，ファッション
451	**poche** 女	ポケット
452	**taille** 女	洋服のサイズ

453	**enlever**	脱ぐ，取りはずす
454	**mettre un pantalon**	ズボンをはく ▶ **mettre des chaussures**　靴をはく
455	**porter un pantalon**	ズボンをはいている

⧄	456	**porter**	身につけている

2) 色 71

⧄	457	**couleur** [女]	色
⧄	458	**beige**	ベージュ
⧄	459	**blan*c*, blan*che***	白
⧄	460	**bleu(*e*)**	青
⧄	461	**brun(*e*)**	褐色
⧄	462	**gris(*e*)**	グレー
⧄	463	**jaune**	黄
⧄	464	**marron** [注]	茶
⧄	465	**noir(*e*)**	黒
⧄	466	**orange** [注]	オレンジ
⧄	467	**rose**	ピンク
⧄	468	**rouge**	赤
⧄	469	**vert(*e*)**	緑
⧄	470	**violet, violet*te***	紫

[注] **marron** や **orange** を形容詞として使う場合，名詞が女性あるいは複数であっても変化しない．

名詞として使う場合は，男性単数形にし，定冠詞 le をつける（**le jaune**　黄色，**le rouge**　赤色，**le vert**　緑色 ...）．

15. 交通機関

72

☐ 471	**à pied**	歩いて
☐ 472	**avion** 男	飛行機
☐ 473	**bateau** 男	船
☐ 474	**bus** 男	バス = **autobus** ▸ **autocar** 男 観光バス
☐ 475	**métro** 男	地下鉄
☐ 476	**moto** 女	バイク
☐ 477	**taxi** 男	タクシー
☐ 478	**train** 男	電車
☐ 479	**tram(way)** 男	路面電車
☐ 480	**vélo** 男	自転車
☐ 481	**voiture** 女	車
☐ 482	**prendre le train**	電車に乗る ▸ **prendre un taxi** タクシーに乗る
☐ 483	**venir en métro**	地下鉄で来る ▸ **venir à vélo** 自転車で来る

16. 町・公共の建物や店など，位置の表現

🎧 73

Excusez-moi, je voudrais aller à la bibliothèque.
すみません，図書館へ行きたいのですが．

– C'est là-bas, à côté de la poste.
– あそこです．郵便局のそばです．

– C'est en face.
– それは正面にあります．

1） 町・公共の建物や店など 🎧 74

⧄	484	**ville** 囡	都市，町
⧄	485	**aéroport** 男	空港
⧄	486	**arrêt d'autobus** 男	バス停
⧄	487	**gare** 囡	（鉄道の）駅
⧄	488	**station de métro** 囡	地下鉄の駅
⧄	489	**station de taxi** 囡	タクシーの乗り場

⧄	490	**avenue** 囡	（並木のある）大通り
⧄	491	**boulevard** 男	大通り
⧄	492	**rue** 囡	通り
⧄	493	**carrefour** 男	交差点
⧄	494	**feu (de circulation)** 男	信号 ▸ feu rouge [vert] 赤［青］信号
⧄	495	**place** 囡	広場
⧄	496	**quartier** 男	地区
⧄	497	**quai** 男	河岸，プラットフォーム

498	**bâtiment**	男	建物
499	**immeuble**	男	大きな建物，ビル，マンション
500	**banque**	女	銀行
501	**bibliothèque**	女	図書館
502	**poste**	女	郵便局　= **bureau de poste** 男
503	**boutique (de ...)**	女	(〜の) 店
504	**grand magasin**	男	デパート
505	**magasin (de ...)**	男	(〜の) 店　▷店のリスト → p. 95〜p. 96
506	**épicerie**	女	食料品店
507	**supermarché**	男	スーパーマーケット
508	**marché**	男	市場
509	**café**	男	カフェ
510	**hôtel**	男	ホテル
511	**restaurant**	男	レストラン
512	**cinéma**	男	映画館
513	**hôpital**	男	病院
514	**parking**	男	駐車場
515	**monument**	男	記念建造物
516	**château**	男	城
517	**église**	女	教会
518	**mairie**	女	市役所，役場
519	**musée**	男	美術館，博物館
520	**parc**	男	公園

521	**piscine** 女	プール
522	**tour** 女	塔，タワー，高層ビル
523	**usine** 女	工場

2） 位置の表現 75

524	**à côté (de ...)**	（～の）そばに
525	**à droite (de ...)**	（～の）右に
526	**à gauche (de ...)**	（～の）左に
527	**derrière**	～の後ろに
528	**devant**	～の前に
529	**en face (de ...)**	（～の）正面に，向かい側に
530	**ici**	ここ
531	**là**	そこ
532	**là-bas**	あそこ
533	**loin (de ...)**	（～から）遠くに
534	**près (de ...)**	（～の）近くに ▸ **près d'ici** この近くに
535	**tout droit**	まっすぐ

17. 地理・自然，方位

1） 地理・自然 76

536	**région** 女	地方
537	**département** 男	県
538	**capitale** 女	首都

539	**ville**	女	都市，町
540	**village**	男	村
541	**campagne**	女	田舎
542	**montagne**	女	山
543	**volcan**	男	火山
544	**mer**	女	海
545	**plage**	女	浜辺
546	**île**	女	島
547	**port**	男	港
548	**rivière**	女	川
549	**fleuve**	男	大河
550	**lac**	男	湖
551	**nature**	女	自然
552	**paysage**	男	風景
553	**arbre**	男	木
554	**bois**	男	木（材料・燃料），林，森
555	**forêt**	女	森
556	**lune**	女	月
557	**soleil**	男	太陽
558	**terre**	女	地面，土地　▶ la Terre　地球
559	**étoile**	女	星
560	**ciel**	男	空

2) 方位 77

561	**nord** 男	北
562	**est** 男	東
563	**sud** 男	南
564	**ouest** 男	西
565	**nord-est** 男	北東
566	**sud-est** 男	南東
567	**sud-ouest** 男	南西
568	**nord-ouest** 男	北西

注 名詞として使う場合は，男性単数形し，定冠詞 le を用いる（**le sud ...**）.
au nord (au sud, à l'ouest, à l'est) 北に（南に，西に，東に）

18. 身体，健康

78

Où avez-vous mal ? Qu'est-ce qui ne va pas ?	どこが痛いですか？
– J'ai mal à la tête.	– 頭が痛いです.

1) 身体 79

569	**bouche** 女	口
570	**bras** 男	腕
571	**cheveu** 男，**cheveux** 複	（多く 複 で）髪の毛
572	**cœur** 男	心臓

573	**corps** [男]	体
574	**cou** [男]	首
575	**dent** [女]	歯
576	**doigt** [男]	指
577	**dos** [男]	背中
578	**genou** [男]	ひざ
579	**gorge** [女]	のど
580	**jambe** [女]	脚
581	**main** [女]	手
582	**nez** [男]	鼻
583	**œil** [男], ***yeux*** [複]	目
584	**oreille** [女]	耳
585	**pied** [男]	足
586	**tête** [女]	頭
587	**ventre** [男]	腹

2） 健康 🎧 80

588	**aller chez le médecin**	医者に行く
589	**avoir de la fièvre**	熱がある
590	**avoir la grippe**	インフルエンザにかかっている
591	**avoir mal à la tête**	頭が痛い
592	**avoir mal au cœur**	吐き気がする
593	**avoir mal au ventre**	お腹が痛い

594	**avoir mal aux dents**	歯が痛い
595	**avoir un rhume**	風邪をひいている
596	**être fatigué(e)**	疲れている
597	**être malade**	病気である
598	**tomber malade**	病気になる
599	**prendre des médicaments**	薬を飲む
600	**tousser**	咳をする

19. 住宅，家具，食器

🎧 81

Tu habites à quel étage ? 何階に住んでいるの？
– Au quatrième (étage). – 5 階です．

1) 住宅 🎧 82

601	**appartement** 男	アパルトマン，マンション
602	**maison** 女	家
603	**pièce** 女	部屋
604	**salle** 女	（特定目的の）部屋
605	**studio** 男	ワンルームマンション
606	**étage** 男	階
607	**le rez-de-chaussée**	1 階
608	**le premier étage**	2 階
609	**le deuxième étage**	3 階

610	**chambre**	女	寝室，ホテルの部屋
611	**couloir**	男	廊下
612	**cuisine**	女	キッチン
613	**salle à manger**	女	ダイニング・ルーム
614	**salle de bain**	女	浴室
615	**salle de séjour**	女	リビング・ルーム
616	**salon**	男	応接間
617	**toilettes**	女 複	トイレ

618	**ascenseur**	男	エレベーター
619	**bain**	男	風呂
620	**balcon**	男	バルコニー
621	**douche**	女	シャワー
622	**escalier**	男	階段
623	**fenêtre**	女	窓
624	**jardin**	男	庭
625	**lavabo**	男	洗面台
626	**mur**	男	壁
627	**porte**	女	ドア

2) 家具 83

628	**meuble**	男	家具
629	**bibliothèque**	女	書棚

630	**bureau** [男], **bureaux** [複]	机
631	**canapé** [男]	ソファー
632	**chaise** [女]	椅子
633	**étagère** [女]	棚
634	**fauteuil** [男]	肘掛け椅子
635	**lit** [男]	ベッド
636	**placard** [男]	戸棚
637	**réfrigérateur** [男]	冷蔵庫 = **frigo** [男]
638	**table** [女]	テーブル
639	**télé(vision)** [女]	テレビ

3) 食器 84

640	**vaisselle** [女]	食器
641	**assiette** [女]	皿
642	**baguette** [女]	(多く[複]で) 箸
643	**couteau** [男]	ナイフ
644	**cuillère** [女]	スプーン = **cuiller** [女]
645	**fourchette** [女]	フォーク
646	**serviette** [女]	ナプキン
647	**tasse** [女]	カップ
648	**verre** [男]	グラス，コップ

20. 食事，食べ物，飲み物，量・単位

1） 食事 🎧 85

649	**repas** [男]	食事
650	**petit déjeuner** [男]	朝食
651	**déjeuner** [男]	昼食
652	**dîner** [男]	夕食

653	**carte** [女]	（レストラン，カフェの）献立表，メニュー
654	**menu** [男]	（レストランの）メニュー，コース料理
655	**menu du jour** [男]	（レストランの）本日の定食
656	**plat du jour** [男]	本日の料理

2） 食べ物 🎧 86

657	**cuisine** [女]	料理
658	**soupe** [女]	スープ
659	**salade** [女]	サラダ
660	**jambon** [男]	ハム
661	**œuf** [男]， **œufs** [複]	卵
662	**poisson** [男]	魚
663	**viande** [女]	肉
664	**bœuf** [男]	牛肉
665	**poulet** [男]	鶏肉
666	**porc** [男]	豚肉

667	**fromage** 男	チーズ

668	**beurre** 男	バター
669	**confiture** 女	ジャム ▶ **confiture de fraises** いちごのジャム
670	**poivre** 男	胡椒
671	**sel** 男	塩 ▶ **salé(e)** 形 塩っぱい
672	**sucre** 男	砂糖 ▶ **sucré(e)** 形 甘い

673	**dessert** 男	デザート
674	**gâteau** 男	ケーキ，お菓子
675	**glace** 女	アイスクリーム
676	**chocolat** 男	チョコレート

677	**baguette** 女	バゲット［フランスパン］
678	**croissant** 男	クロワッサン
679	**pain** 男	パン
680	**pâtes** 女複	パスタ
681	**riz** 男	米
682	**sandwich** 男	サンドイッチ

87

683	**légume** 男	野菜
684	**carotte** 女	人参
685	**chou** 男	キャベツ

686	**laitue**	女	レタス
687	**oignon**	男	タマネギ
688	**pomme de terre**	女	ジャガイモ
689	**poivron**	男	ピーマン，パプリカ
690	**tomate**	女	トマト

691	**fruit**	男	果物
692	**banane**	女	バナナ
693	**cerise**	女	さくらんぼ
694	**citron**	男	レモン
695	**fraise**	女	いちご
696	**melon**	男	メロン
697	**orange**	女	オレンジ
698	**pastèque**	女	スイカ
699	**pêche**	女	桃
700	**poire**	女	梨
701	**pomme**	女	りんご
702	**raisin**	男	ぶどう

3） 飲み物 88

703	**boisson**	女	飲み物
704	**eau minérale**	女	ミネラルウォーター

⧄	705	**jus de fruit** 男	フルーツジュース ▶ **jus d'orange** オレンジジュース ▶ **jus de pomme** りんごジュース
⧄	706	**café** 男	コーヒー ▶ **café au lait** カフェオレ
⧄	707	**chocolat** 男	ココア
⧄	708	**thé** 男	紅茶 ▶ **thé au lait** ミルクティー ▶ **thé au citron** レモンティー
⧄	709	**lait** 男	牛乳
⧄	710	**bière** 女	ビール
⧄	711	**vin** 男	ワイン ▶ **vin rouge** 赤ワイン ▶ **vin blanc** 白ワイン

4) 量・単位 🎧 89

⧄	712	**un peu de** ＋無冠詞名詞	少しの〜 ▶ **un peu de sel** 少しの塩
⧄	713	**assez de** ＋無冠詞名詞	十分な〜 ▶ **assez de légumes** 十分な野菜
⧄	714	**beaucoup de** ＋無冠詞名詞	たくさんの〜 ▶ **beaucoup de café** たくさんのコーヒー

☐	715 **trop de** ＋無冠詞名詞	～すぎる ▶ **trop de viande**　多すぎる肉
☐	716 **kilo** 男	キロ　= **kilogramme** ▶ **un kilo de pommes**　りんご 1 キロ
☐	717 **gramme** 男	グラム
☐	718 **un litre de lait**	牛乳 1 リットル
☐	719 **un morceau**	（食べ物の）1 片 ▶ un morceau de pain　パン 1 切れ
☐	720 **un paquet de café**	コーヒー 1 パック
☐	721 **un verre de vin**	グラス 1 杯のワイン
☐	722 **une bouteille d'eau minérale**	ミネラルウォーター 1 本
☐	723 **une douzaine d'œufs**	卵 1 ダース
☐	724 **une moitié de pastèque**	スイカの半分
☐	725 **une tasse de thé**	1 杯の紅茶

動詞の活用も重要

仏検３級に合格するためには，語彙の習得だけでなく，文法も非常に重要です．なかでも，前置詞と代名詞の使い方を理解しておけば，かなりの点数を取ることができます．したがって，この本の中の前置詞・代名詞の部分をよく読んで，暗記し，練習問題によって自分の理解度を試してみてください．

動詞に関して言えば，主要な動詞の活用形，特に現在形，単純未来形，複合過去形，半過去形，大過去形，条件法現在形，接続法現在形，命令形，ジェロンディフを覚えておく必要があります．その他にも，活用は現在形ですが，近接過去形（venir の現在形＋ de ＋不定詞），近接未来形（aller の現在形＋不定詞）と呼ばれている形があります．活用を覚えるときは，文法・動詞活用の本，辞書などを利用して，自分の活用が正しいかどうか確認しながら覚えてください．仏検３級の２番の問題では，動詞を適切な形に活用させて書く事が求められるので，正しく書けるかどうかも重要になります．この問題は，対話になっている２つの文の文脈を考えながら，動詞を適切な法・時制に活用する問題ですが，過去の仏検の結果から見ると，得点率はあまりよくありません．難しいのは確かですが，たとえば il y a があれば複合過去形とか，Il faut que や Je veux que, Je voudrais que となると接続法になるとか，ヒントになるような要素の使い方を覚えておけば正しい答えをすることができます．しかし，何よりも重要なのは，文の意味を理解して，何を伝えようとしているのか，そのためにはどの法・時制にすべきかを考えることです．

動詞の活用を習得するには頑張りが必要です．しかし，いったんマスターすれば，あなたのフランス語のレベルは確実に上昇するし，より自信を持ってフランス語で読み，書き，話し，理解することができるようになります．２番目の問題だけでなく，仏検３級の試験全体での高得点にもつながります．

4

品詞別基本語彙

1. 名詞
2. 形容詞
3. 動詞
4. 副詞
5. 前置詞
6. 否定表現
7. よく使われる不定代名詞・不定形容詞
8. 疑問代名詞・疑問副詞・疑問形容詞・関係代名詞・接続詞

1. 名詞

90

⧄ 001	**absence** 女	不在，欠席 ↔ présence 女 存在，出席
⧄ 002	**accident** 男	事故
⧄ 003	**achat** 男	買い物
⧄ 004	**adresse** 女	住所 ▸ **adresse e-mail** 女 メールアドレス
⧄ 005	**âge** 男	年齢
⧄ 006	**aide** 女	援助
⧄ 007	**air** 男	空気
⧄ 008	**amour** 男	愛
⧄ 009	**appareil** 男	器具，装置
⧄ 010	**argent** 男	お金，銀
⧄ 011	**arrivée** 女	到着 ↔ **départ** 男 出発
⧄ 012	**art** 男	芸術
⧄ 013	**article** 男	記事，商品
⧄ 014	**artiste** 男女	芸術家
⧄ 015	**avenir** 男	未来，将来
⧄ 016	**bagage** 男	（旅行のための）荷物
⧄ 017	**ballon** 男	（サッカー・バスケットの）ボール
⧄ 018	**banc** 男	ベンチ
⧄ 019	**beauté** 女	美しさ，美

020	**billet** 男	（飛行機，列車の）切符，（劇場などの）チケット
021	**bouton** 男	ボタン，スイッチ
022	**bruit** 男	音，騒音
023	**bureau** 男, **bureaux** 複	書斎，会社，机
024	**cadeau** 男, **cadeaux** 複	プレゼント
025	**caisse** 女	レジ
026	**campagne** 女	田舎
027	**carte** 女	カード，地図，メニュー
028	**cause** 女	理由，原因
029	**CD** 男	CD
030	**chanson** 女	歌
031	**chemin** 男	道
032	**chose** 女	物
033	**classe** 女	授業，教室，等級
034	**client** 男, **cliente** 女	客
035	**compagnie** 女	会社
036	**concert** 男	コンサート
037	**concours** 男	コンクール，選抜試験
038	**condition** 女	条件
039	**cour** 女	中庭
040	**cours** 男	授業
041	**course** 女	走ること，レース，買い物 複

□	042	**couverture** 女	毛布，カバー
□	043	**culture** 女	文化
□	044	**danger** 男	危険
□	045	**début** 男	始まり
□	046	**départ** 男	出発
□	047	**dessin** 男	絵，デッサン
□	048	**devoir** 男	義務，宿題
□	049	**dieu** 男， **dieu*x*** 複	神
□	050	**différence** 女	相違
□	051	**docteur** 男	医者，博士，(医者の呼びかけ) 先生
□	052	**économie** 女	経済
□	053	**éducation** 女	教育
□	054	**endroit** 男	場所
□	055	**enfance** 女	子供時代
□	056	**entrée** 女	入口，入ること，入学
□	057	**entreprise** 女	企業
□	058	**époque** 女	時代
□	059	**espèce** 女	種類
□	060	**examen** 男	テスト，試験
□	061	**exercice** 男	練習，運動
□	062	**expérience** 女	経験
□	063	**façon** 女	方法，やりかた
□	064	**faute** 女	間違い，ミス　= erreur 女

065	**feu** 男, **feu*x*** 複	火，信号
066	**feuille** 女	葉，（紙）一枚
067	**fin** 女	終わり
068	**fois** 女	～回，～度
069	**forme** 女	形
070	**futur** 男	未来，将来
071	**garage** 男	ガレージ，自動車修理工場
072	**gouvernement** 男	政府
073	**groupe** 男	グループ
074	**guerre** 女	戦争
075	**guichet** 男	窓口
076	**guide** 男	ガイドブック
077	**habitude** 女	習慣
078	**histoire** 女	歴史，話
079	**idée** 女	考え
080	**importance** 女	重要性
081	**impression** 女	印象
082	**incendie** 男	火事
083	**industrie** 女	工業，産業
084	**information** 女	情報，ニュース
085	**instrument** 男	道具，器具
086	**intérêt** 男	興味
087	**Internet** 男	インターネット

92

088	**interview** 女	インタビュー
089	**invention** 女	発明
090	**invitation** 女	招待
091	**invité** 男, **invitée** 女	招待客
092	**jeu** 男	遊び，ゲーム
093	**jeune** 男 女	（多く複で）若者，青年
094	**jeunesse** 女	若さ，青春時代
095	**joie** 女	喜び
096	**jouet** 男	おもちゃ
097	**journal** 男	新聞，日記
098	**lampe** 女	ランプ
099	**leçon** 女	（教科書の）課，レッスン
100	**lettre** 女	手紙，文字
101	**lieu** 男	場所
102	**lumière** 女	光，照明
103	**machine** 女	機械
104	**malheur** 男	不幸 ↔ bonheur 男 幸せ，幸運
105	**mariage** 男	結婚
106	**matinée** 女	朝，午前（中）
107	**membre** 男	メンバー
108	**message** 男	メッセージ
109	**monde** 男	世界，人々 ▸ **tout le monde** みんな
110	**monnaie** 女	硬貨，通貨

☐	111	**mort** 女	死
☐	112	**mot** 男	単語
☐	113	**moyen** 男	手段，方法
☐	114	**naissance** 女	誕生
☐	115	**nom** 男	名前，（人の）姓
☐	116	**nombre** 男	数
☐	117	**nouvelle** 女	ニュース，知らせ，便り
☐	118	**numéro** 男	番号
☐	119	**objet** 男	物体，品物，目的
☐	120	**occasion** 女	機会
☐	121	**œuvre** 女	作品
☐	122	**page** 女	ページ
☐	123	**paix** 女	平和
☐	124	**papier** 男	紙
☐	125	**paquet** 男	小包，パック
☐	126	**parfum** 男	香り，香水
☐	127	**Parisi*en*** 男，**Parisi*enne*** 女	パリの住民
☐	128	**patience** 女	忍耐力，根気
☐	129	**peine** 女	苦労，悲しみ
☐	130	**photo** 女	写真
☐	131	**place** 女	席，スペース，広場
☐	132	**plaisir** 男	喜び，楽しみ
☐	133	**plan** 男	地図，計画

93

134	**pluie**	女	雨
135	**poème**	男	詩
136	**point**	男	点，ポイント
137	**prénom**	男	名前，ファーストネーム
138	**prix**	男	値段
139	**problème**	男	問題
140	**programme**	男	計画，プログラム
141	**projet**	男	計画，プロジェクト
142	**promenade**	女	散歩
143	**promesse**	女	約束
144	**public**	男	一般の人々，公衆
145	**question**	女	問題，質問
146	**raison**	女	理由，理性
147	**rayon**	男	売り場
148	**rapport**	男	レポート
149	**réception**	女	受け取り，受付
150	**relation**	女	関係
151	**religion**	女	宗教
152	**rencontre**	女	出会い
153	**renseignement**	男	情報
154	**réponse**	女	答え
155	**réservation**	女	予約
156	**résultat**	男	結果

157	**retour** 男	帰り
158	**réunion** 女	会議，会合
159	**réussite** 女	成功，合格
160	**rêve** 男	夢
161	**revue** 女	雑誌
162	**rôle** 男	役，役割
163	**roman** 男	小説
164	**savon** 男	石けん
165	**science** 女	科学
166	**secret** 男	秘密
167	**séjour** 男	滞在
168	**sens** 男	意味
169	**sentiment** 男	感情
170	**siècle** 男	世紀
171	**situation** 女	状況
172	**société** 女	社会
173	**soirée** 女	晩，パーティー
174	**sortie** 女	出口，外出
175	**spécialité** 女	専門，特産品，名物料理
176	**tableau** 男，**tableaux** 複	絵，板，表
177	**ticket** 男	（地下鉄・バスの）切符
178	**timbre** 男	切手
179	**tourisme** 男	観光

180	**touriste** [男][女]	観光客
181	**travail** [男]	仕事
182	**type** [男]	タイプ，種類　≒ genre [男]
183	**vacances** [女][複]	バカンス，休暇
184	**valeur** [女]	価値
185	**valise** [女]	スーツケース
186	**vérité** [女]	真実
187	**vie** [女]	生命，人生
188	**vitesse** [女]	速さ，速度
189	**voix** [女]	声
190	**vol** [男]	飛行便，盗み
191	**voyage** [男]	旅行
192	**voyageur** [男]，**voyageuse** [女]	旅行者，乗客
193	**vue** [女]	眺め，見方

2. 形容詞

1） 人・生物を修飾する形容詞 94

194	**absent(*e*)**	留守の，欠席の
195	**âgé(*e*)**	年を取った
196	**assis(*e*)**	座った
197	**bavard(*e*)**	おしゃべりな
198	**blessé(*e*)**	怪我をした
199	**blond(*e*)**	金髪の
200	**capable**	(de ...) ～することができる
201	**content(*e*)**	うれしい，(de ...) ～に満足した
202	**curieu*x*, curieu*se***	興味深い，好奇心の強い
203	**désolé(*e*)**	(de ...) ～してすみません，残念です
204	**enchanté(*e*)**	はじめまして，(de ...) ～でうれしい
205	**fatigué(*e*)**	疲れた
206	**inquie*t*, inquiè*te***	心配な，不安な
207	**jeune**	若い
208	**malade**	病気である
209	**marié(*e*)**	結婚している
210	**méchant(*e*)**	意地悪な
211	**paresseu*x*, paresseu*se***	怠惰な，なまけ者の
212	**présent(*e*)**	出席している
213	**timide**	内気な
214	**travailleu*r*, travailleu*se***	勤勉な

2）ものを修飾する形容詞 🎧 95

⧄ 215	**actuel, actuel*le***	現在の
⧄ 216	**ame*r*, amè*re***	苦い
⧄ 217	**automatique**	自動的な
⧄ 218	**bas, bas*se***	低い
⧄ 219	**bre*f*, *brève***	（時間的に）短い
⧄ 220	**chaud(*e*)**	暑い，熱い
⧄ 221	**clair(*e*)**	明るい
⧄ 222	**comple*t*, complè*te***	完全な，満員の
⧄ 223	**confortable**	快適な
⧄ 224	**court(*e*)**	短い
⧄ 225	**cuit(*e*)**	煮えた，焼けた
⧄ 226	**délicieu*x*, délicieu*se***	非常においしい
⧄ 227	**demi(*e*)**	半分の
⧄ 228	**direct(*e*)**	直接の
⧄ 229	**double**	ダブルの
⧄ 230	**droit(*e*)**	右の，まっすぐな
⧄ 231	**dur(*e*)**	硬い
⧄ 232	**économique**	経済の
⧄ 233	**entie*r*, entiè*re***	全部の，全体の
⧄ 234	**épais, épais*se***	厚い
⧄ 235	**étroit(*e*)**	狭い
⧄ 236	**évident(*e*)**	明らかな

237	**extérieur(*e*)**	外の，外部の
238	**fermé(*e*)**	閉まった
239	**fini(*e*)**	終わった
240	**frais, *fraîche***	涼しい, 新鮮な, (飲み物などが) 冷たい
241	**gauche**	左の
242	**général(*e*)**	一般的な
243	**gratuit(*e*)**	無料の
244	**grave**	重大な，深刻な
245	**haut(*e*)**	高い
246	**humide**	湿気がある
247	**impossible**	不可能な
248	**individuel, individuel*le***	個人的な，個別の
249	**interdit(*e*)**	禁じられた
250	**intérieur(*e*)**	内側の，国内の
251	**inutile**	役に立たない
252	**large**	幅が広い，大きい
253	**lég*er*, lég*ère***	軽い
254	**long, *longue***	長い
255	**lourd(*e*)**	重い
256	**mûr(*e*)**	熟した
257	**national(*e*)**	国内の，国の
258	**neu*f*, neu*ve***	新品の
259	**ouvert(*e*)**	開いている

☐	260	**parisi*en*, parisi*enne***	パリの，パリの人の
☐	261	**plat(*e*)**	平らな
☐	262	**plein(*e*)**	(de ...) ～でいっぱいの，満員の
☐	263	**possible**	可能な
☐	264	**précis(*e*)**	正確な
☐	265	**privé(*e*)**	私的な，個人の，民間の，私立の
☐	266	**prochain(*e*)**	次の
☐	267	**proche**	近くの
☐	268	**profond(*e*)**	深い
☐	269	**propre**	清潔な，～自身の
☐	270	**quotidi*en*, quotidi*enne***	日常の
☐	271	**rond(*e*)**	丸い
☐	272	**sec, *sèche***	乾燥した
☐	273	**social(*e*)**	社会の，社会的な
☐	274	**solide**	丈夫な
☐	275	**total(*e*)**	全体の
☐	276	**vide**	空の，空いている

3) 人・生物だけでなく，ものも修飾する形容詞 🎧 96

☐	277	**acti*f*, acti*ve***	活動的な
☐	278	**agréable**	快適な，感じのよい
☐	279	**amusant(*e*)**	楽しい，面白い
☐	280	**anci*en*, anci*enne***	古い，元～

☐	281	**beau / *bel*, *belle***	美しい ▷bel は，母音，無音の h で始まる男性単数名詞の前で.
☐	282	**bizarre**	奇妙な
☐	283	**bon, bon*ne***	よい，おいしい
☐	284	**calme**	静かな，落ち着いた
☐	285	**célèbre**	有名な
☐	286	**certain(*e*)**	いくつかの，確かな
☐	287	**chaque**	(単数形のみ) それぞれの，毎～
☐	288	**charmant(*e*)**	魅力的な
☐	289	**che*r*, ch*ère***	高い，親愛なる，大切な
☐	290	**commun(*e*)**	共通の
☐	291	**compliqué(*e*)**	複雑な
☐	292	**convenable**	適切な
☐	293	**correct(*e*)**	正しい，正確な
☐	294	**dangereu*x*, dangereu*se***	危険な
☐	295	**dernie*r*, derni*ère***	最後の，最新の
☐	296	**désagréable**	不愉快な
☐	297	**différent(*e*)**	異なる，違った，別の
☐	298	**difficile**	難しい
☐	299	**divers(*e*)**	いろいろな
☐	300	**dou*x*, dou*ce***	甘口の，優しい，(気候が) 穏やかな
☐	301	**élégant(*e*)**	優雅な
☐	302	**étonnant(*e*)**	驚くべき，意外な

97

☐	303	**étrange**	不思議な
☐	304	**étrange*r*, étrangè*re***	外国の
☐	305	**exact(*e*)**	正確な
☐	306	**excellent(*e*)**	優れた
☐	307	**facile**	やさしい，簡単な
☐	308	**faible**	弱い
☐	309	**fatigant(*e*)**	疲れる
☐	310	**fau*x*, fau*sse***	間違った，偽の
☐	311	**favori, *favorite***	気に入りの
☐	312	**fort(*e*)**	強い
☐	313	**fragile**	壊れやすい，虚弱な
☐	314	**froid(*e*)**	冷たい，寒い
☐	315	**gai(*e*)**	陽気な
☐	316	**gentil, gentil*le***	親切な
☐	317	**grand(*e*)**	大きな
☐	318	**gros, gros*se***	大きな，太った
☐	319	**heureu*x*, heureu*se***	幸せな
☐	320	**historique**	歴史の，歴史的な
☐	321	**honnête**	正直な
☐	322	**important(*e*)**	重要な
☐	323	**incroyable**	信じられない
☐	324	**intelligent(*e*)**	頭がよい，聡明な
☐	325	**intéressant(*e*)**	興味のある，面白い

326	**internationa*l(e)***	国際的な
327	**joli*(e)***	きれいな，かわいい
328	**joyeu*x*, joyeu*se***	陽気な
329	**lent*(e)***	(速さが) 遅い
330	**libre**	自由な，暇な，(席が) 空いている ▸ **« Entrée libre »** 《入場無料》
331	**magnifique**	素晴らしい
332	**malheureu*x*, malheureu*se***	不幸な，残念な
333	**mauvais*(e)***	悪い，まずい
334	**meilleur*(e)***	もっとよい
335	**même**	同じ
336	**merveilleu*x*, merveilleu*se***	素晴らしい
337	**mince**	細い，薄い，やせている
338	**misérable**	哀れな，悲惨な
339	**moderne**	近代の，現代の
340	**naturel, naturel*le***	自然の
341	**nécessaire**	必要な
342	**nombreu*x*, nombreu*se***	多くの，多数の
343	**normal*(e)***	当然の
344	**nouveau / *nouvel*, *nouvelle***	新しい ▹nouvel は，母音，無音の h で始まる男性単数名詞の前で.
345	**occupé*(e)***	忙しい，(手・場所などが) ふさがっている
346	**pareil, pareil*le***	似た，同じような

98

☐	347	parfait(e)	完璧な
☐	348	particulier, particulière	特別の，個人の
☐	349	pauvre	貧しい，かわいそうな
☐	350	pénible	辛い
☐	351	petit(e)	小さな
☐	352	poli(e)	礼儀正しい
☐	353	politique	政治の
☐	354	pratique	実用的な，便利な
☐	355	précieux, précieuse	貴重な
☐	356	préféré(e)	気に入りの
☐	357	premier, première	最初の
☐	358	pressé(e)	急いでいる
☐	359	prêt(e)	準備ができた
☐	360	public, publique	公共の
☐	361	pur(e)	純粋な
☐	362	rapide	速い
☐	363	rare	まれな，珍しい
☐	364	responsable	責任のある
☐	365	riche	金持ちの
☐	366	sale	汚い
☐	367	sauvage	野生の
☐	368	secret, secrète	秘密の
☐	369	sérieux, sérieuse	まじめな

370	**seul(*e*)**	ただ１つ［1 人］の
371	**simple**	単純な，単なる
372	**sombre**	暗い
373	**spécial(e)**	特別な
374	**sporti*f*, sporti*ve***	スポーツが好きな
375	**suivant(*e*)**	次の
376	**sûr(e)**	確かな
377	**sympathique**	感じのよい ▸（略して）sympa
378	**tendre**	柔らかい，優しい
379	**terrible**	恐ろしい
380	**tranquille**	静かな
381	**triste**	悲しい，寂しい
382	**unique**	唯一の
383	**utile**	役に立つ
384	**vieux / *vieil*, *vieille***	古い，年老いた ▹vieil は，母音，無音の h で始まる男性単数名詞の前で．
385	**violent(e)**	乱暴な，激しい
386	**vivant(e)**	生きている，生き生きとした
387	**voisin(e)**	隣の
388	**vrai(e)**	本当の，正しい

3. 動詞

99

☐	389	**abandonner**	〜を見捨てる，やめる
☐	390	**accepter**	〜を受け入れる，承諾する
☐	391	**accompagner**	〜と一緒に行く
☐	392	**acheter**	〜を買う
☐	393	**admirer**	〜に感心する，〜を称賛する
☐	394	**adorer**	〜が大好きである
☐	395	**aider**	〜を助ける，手伝う
☐	396	**aimer**	〜が好き，〜を愛する，（＋不定詞）〜するのが好きである，〜したい
☐	397	**aller**	行く，（＋不定詞）〜しに行く，〜するところだ，〜するつもりだ
☐	398	**allumer**	火をつける，スイッチを入れる
☐	399	**amuser**	〜を楽しませる ▸ **s'amuser** 楽しむ
☐	400	**annoncer**	〜を発表する，知らせる
☐	401	**apercevoir**	〜を見かける 〈過去分詞 **aperçu**〉
☐	402	**apparaître**	現れる，見える，姿を見せる〈過去分詞 **apparu**〉
☐	403	**appeler**	〜を呼ぶ，〜に電話する ▸ **s'appeler** 〜という名前です・〜と呼ばれる）
☐	404	**apporter**	〜を持ってくる，持っていく
☐	405	**apprendre**	〜を学ぶ 〈過去分詞 **appris**〉

406	**approcher**	近づく，～を近づける ▸ s'approcher de ...　～に近づく
407	**arrêter**	～を止める，やめる　▸ s'arrêter　止まる，休む
408	**arriver**	着く，（物事が）起こる
409	**assurer**	～を保証する，～と断言する
410	**attacher**	～を留める，結ぶ
411	**attendre**	～を待つ　〈過去分詞 **attendu**〉
412	**attraper**	～を捕まえる，（病気など）にかかる
413	**avancer**	前進する，進む
414	**avoir**	～を持っている　〈過去分詞 **eu**〉
415	**baisser**	～を下げる，下がる
416	**battre**	～を打つ，殴る　▸ se battre　戦う，争う 〈過去分詞 **battu**〉
417	**blesser**	～を傷つける，害する　▸ se blesser　怪我をする
418	**boire**	～を飲む　〈過去分詞 **bu**〉
419	**bouger**	動く
420	**briller**	輝く
421	**brosser**	～にブラシをかける
422	**brûler**	～を焼く，燃やす
423	**cacher**	～を隠す　▸ se cacher　隠れる
424	**casser**	～を壊す　▸ **se casser**　壊れる，骨折する
425	**cesser**	～をやめる，やむ
426	**changer**	～を変える，変わる

100

427	**chercher**	～を探す
428	**choisir**	～を選ぶ 〈過去分詞 **choisi**〉
429	**commander**	～を注文する，指図する
430	**commencer**	～を始める，始まる
431	**comparer**	～を比較する
432	**comprendre**	～がわかる，～を理解する 〈過去分詞 **compris**〉
433	**compter**	～を数える，計算する，（＋不定詞）～するつもりである，(sur ...) ～を当てにする
434	**conduire**	～を運転する 〈過去分詞 **conduit**〉
435	**connaître**	～を知っている ▶ **se connaître** 知り合う 〈過去分詞 **connu**〉
436	**conseiller**	～をアドバイスする，勧める
437	**conserver**	～を保存する
438	**construire**	～を建設する 〈過去分詞 **construit**〉
439	**continuer**	～を続ける
440	**convenir**	(à ...) ～に都合がいい，ふさわしい 〈過去分詞 **convenu**〉
441	**coucher**	～を寝かせる ▶ **se coucher** 寝る
442	**couler**	流れる
443	**couper**	～を切る ▶ se couper 自分の～を切る
444	**courir**	走る 〈過去分詞 **couru**〉

☐	445	**coûter**	値段が～である
☐	446	**couvrir**	～を覆う 〈過去分詞 **couvert**〉
☐	447	**craindre**	～を恐れる 〈過去分詞 **craint**〉
☐	448	**créer**	～を作り出す
☐	449	**crier**	叫ぶ，泣く
☐	450	**croire**	～を信じる，(que ...) ～と思う 〈過去分詞 **cru**〉
☐	451	**cuire**	～を煮る，焼く 〈過去分詞 **cuit**〉
☐	452	**cuisiner**	～を料理する
☐	453	**cultiver**	～を耕す，栽培する
☐	454	**décider**	～を決める，決定する
☐	455	**découvrir**	～を発見する 〈過去分詞 **découvert**〉
☐	456	**défendre**	～を守る，禁じる 〈過去分詞 **défendu**〉
☐	457	**demander**	～を頼む，尋ねる，要求する
☐	458	**dépenser**	（金・時間）を使う
☐	459	**déranger**	～の邪魔をする
☐	460	**descendre**	降りる 〈過去分詞 **descendu**〉
☐	461	**désirer**	～を望む，欲しい
☐	462	**dessiner**	～の絵［図形］を描く
☐	463	**détruire**	～を破壊する 〈過去分詞 **détruit**〉
☐	464	**développer**	～を発展する，発展させる
☐	465	**devenir**	～になる 〈過去分詞 **devenu**〉
☐	466	**devoir**	（＋不定詞）～するべきである，～しなければならない 〈過去分詞 **dû**〉

101

467	**dire**	～を言う 〈過去分詞 **dit**〉
468	**discuter**	議論する
469	**disparaître**	消える 〈過去分詞 **disparu**〉
470	**donner**	～を与える，あげる
471	**durer**	続く
472	**écouter**	～を聴く
473	**écrire**	～を書く ▸ **s’écrire** 綴りは～と書く，文通する 〈過去分詞 **écrit**〉
474	**élever**	～を育てる，持ち上げる
475	**emmener**	～を連れていく
476	**empêcher**	～を妨げる
477	**employer**	（もの）を用いる，雇う
478	**emporter**	～を持っていく，持ち去る
479	**emprunter**	～を借りる
480	**enseigner**	～を教える
481	**entendre**	～が聞こえる，～を理解する 〈過去分詞 **entendu**〉
482	**entrer**	入る
483	**envoyer**	～を送る
484	**espérer**	(que ...) ～と期待する，願う
485	**essayer**	～を試みる，（衣服など）を試着する
486	**étonner**	～を驚かせる ▸ s’étonner 驚く
487	**être**	～である 〈過去分詞 **été**〉

☐	488	**étudier**	～を勉強する
☐	489	**éviter**	～を避ける
☐	490	**excuser**	～を許す ▸ **s'excuser** 謝る
☐	491	**expliquer**	～を説明する
☐	492	**fabriquer**	～を製造する
☐	493	**faire**	～をする，作る 〈過去分詞 **fait**〉
☐	494	**falloir**	（il faut ＋名詞）～が必要だ，（il faut ＋不定詞） ～しなければならない，（il faut que ＋接続法） ～すべきだ 〈過去分詞 **fallu**〉
☐	495	**fermer**	～を閉める，閉まる
☐	496	**finir**	終わる，～を終える 〈過去分詞 **fini**〉
☐	497	**frapper**	～を打つ，～を殴る
☐	498	**fumer**	タバコを吸う
☐	499	**gagner**	～を稼ぐ，～に勝つ
☐	500	**garder**	～を保つ，～の世話（を）する
☐	501	**goûter**	～を味見する
☐	502	**guérir**	回復する，治る 〈過去分詞 **guéri**〉
☐	503	**habiller**	～に服を着せる ▸ **s'habiller** 服を着る
☐	504	**habiter**	住む
☐	505	**hésiter**	迷う，ためらう
☐	506	**imaginer**	～を想像する
☐	507	**inquiéter**	～を心配させる ▸ **s'inquiéter** 心配する
☐	508	**interdire**	～を禁じる 〈過去分詞 **interdit**〉

🎧 102

☐ 509	**intéresser**	～の興味をひく ▸ **s'intéresser à ...**　～に興味がある，～に興味を持つ
☐ 510	**inviter**	～を招待する
☐ 511	**jeter**	～を投げる，捨てる
☐ 512	**jouer**	遊ぶ，（ゲームなど）をする，（de ＋楽器）（楽器）を弾く
☐ 513	**laisser**	～を残す，（＋不定詞）～させておく
☐ 514	**lancer**	～を投げる
☐ 515	**laver**	～を洗う　▸ **se laver**　自分の～を洗う
☐ 516	**lever**	～を起こす，上げる　▸ **se lever**　起きる
☐ 517	**loger**	泊まる，～を泊める
☐ 518	**louer**	～を貸す，借りる
☐ 519	**manger**	～を食べる
☐ 520	**manquer**	～が足りない (Il manque ...)，～に乗り損なう
☐ 521	**marcher**	歩く
☐ 522	**mener**	～に連れていく
☐ 523	**mentir**	嘘をつく　〈過去分詞 **menti**〉
☐ 524	**mesurer**	～を測る
☐ 525	**mettre**	～を置く，身につける，記入する 〈過去分詞 **mis**〉
☐ 526	**monter**	～に登る，（乗り物）に乗る
☐ 527	**montrer**	～を見せる
☐ 528	**mourir**	死ぬ　〈過去分詞 **mort**〉

529	**nager**	泳ぐ
530	**naître**	生まれる　〈過去分詞 **né**〉
531	**neiger**	雪が降る
532	**nettoyer**	～を掃除する
533	**obtenir**	～を獲得する　〈過去分詞 **obtenu**〉
534	**offrir**	(プレゼント) をあげる，与える 〈過去分詞 **offert**〉
535	**oser**	(＋不定詞) 思い切って～する
536	**oublier**	～を忘れる
537	**ouvrir**	～を開く，開ける　〈過去分詞 **ouvert**〉
538	**paraître**	～のように見える　〈過去分詞 **paru**〉
539	**parler**	～を話す
540	**partager**	～を分ける，共有する
541	**partir**	出発する　〈過去分詞 **parti**〉
542	**passer**	通る，立ち寄る，～を過ごす ▸ **se passer**　(事が) 起こる
543	**payer**	～を支払う
544	**penser**	(que ...) ～と思う，考える
545	**perdre**	～を失う　▸ **se perdre**　道に迷う 〈過去分詞 **perdu**〉
546	**permettre**	～を許可する，認める　〈過去分詞 **permis**〉
547	**peser**	重さが～である
548	**plaire**	～の気に入る　〈過去分詞 **plu**〉

103

549	**planter**	～を植える
550	**pleurer**	泣く
551	**pleuvoir**	雨が降る　〈過去分詞 **plu**〉
552	**porter**	～を運ぶ，身につけている ▸ **se porter bien [mal]**　体調がよい［悪い］
553	**poser**	～を置く，（質問）を提出する
554	**pousser**	～を押す
555	**pouvoir**	（＋不定詞）～できる　〈過去分詞 **pu**〉
556	**préférer**	～の方が好きだ
557	**prendre**	～を取る，注文する，食べる，（乗り物）に乗る　〈過去分詞 **pris**〉
558	**préparer**	～を準備する
559	**présenter**	～を紹介する
560	**prêter**	～を貸す
561	**prier**	～に祈る，頼む
562	**promener**	～を散歩させる　▸ **se promener**　散歩する
563	**promettre**	～を約束する　〈過去分詞 **promis**〉
564	**proposer**	～を提案する
565	**protéger**	～を守る
566	**publier**	～を出版する
567	**quitter**	～と別れる，～を立ち去る，～から離れる
568	**raconter**	～を語る，話す
569	**ranger**	～を並べる，片付ける

⧄	570	**rappeler**	～を思い出させる，～に再び電話する ▸ **se rappeler**　～を思い出す，覚えている
⧄	571	**rater**	～に乗り遅れる，失敗する
⧄	572	**recevoir**	～を受け取る，迎える　〈過去分詞 **reçu**〉
⧄	573	**recommander**	～を推薦する
⧄	574	**reconnaître**	(前に見たので) ～をそれとわかる 〈過去分詞 **reconnu**〉
⧄	575	**réfléchir**	～をよく考える　〈過去分詞 **réfléchi**〉
⧄	576	**refuser**	～を拒否する
⧄	577	**regarder**	～を見る，見つめる
⧄	578	**regretter**	～を後悔する，残念に思う
⧄	579	**relever**	～を (再び) 起こす，上げる
⧄	580	**remarquer**	～に注目する，～を指摘する
⧄	581	**remercier**	～に感謝する
⧄	582	**remettre**	～を戻す　〈過去分詞 **remis**〉
⧄	583	**remplacer**	～を取り替える，～に代わる
⧄	584	**remplir**	～を満たす　〈過去分詞 **rempli**〉
⧄	585	**rencontrer**	～に出会う　▸ **se rencontrer**　出会う，知り合う
⧄	586	**rendre**	～を返す　▸ **se rendre**　行く〈過去分詞 **rendu**〉
⧄	587	**rentrer**	帰る，帰宅する
⧄	588	**réparer**	～を直す，修理する
⧄	589	**répéter**	～を繰り返す
⧄	590	**répondre**	～と答える　〈過去分詞 **répondu**〉

104

591	**reprendre**	～を再び取る，再開する　〈過去分詞 **repris**〉
592	**réserver**	～を予約する
593	**respecter**	～を尊敬する，尊重する
594	**rester**	とどまる
595	**retirer**	～を引き出す
596	**retourner**	戻る
597	**retrouver**	(なくしたもの) を見つける ▸ **se retrouver**　再会する，落ち合う
598	**réussir**	成功する　〈過去分詞 **réussi**〉
599	**réveiller**	～を目覚めさせる　▸ **se réveiller**　目覚める
600	**revenir**	戻る　〈過去分詞 **revenu**〉
601	**revoir**	～を再び見る，～に再び会う ▸ **se revoir**　再会する　〈過去分詞 **revu**〉
602	**rire**	笑う　〈過去分詞 **ri**〉
603	**rouler**	(車) を走らせる
604	**saluer**	～に挨拶をする
605	**sauver**	～を助ける，救う
606	**savoir**	(＋名詞・que ...) ～を知っている，～ということを知っている，(＋不定詞) ～できる 〈過去分詞 **su**〉
607	**s'asseoir**	座る　〈過去分詞 **assis**〉
608	**s'endormir**	眠りにつく　〈過去分詞 **endormi**〉
609	**s'inscrire**	登録する　〈過去分詞 **inscrit**〉

⧄	610	**s'installer**	身を落ち着ける，住む，座る
⧄	611	**se baigner**	水遊びをする，泳ぐ
⧄	612	**se dépêcher**	急ぐ
⧄	613	**se marier**	結婚する
⧄	614	**se promener**	散歩する
⧄	615	**se rappeler**	～を思い出す
⧄	616	**se reposer**	休息する
⧄	617	**se souvenir**	(de ...) ～を覚えている，思い出す 〈過去分詞 **souvenu**〉
⧄	618	**se tromper**	間違う ▶ se tromper de ... ～を間違える
⧄	619	**sembler**	（＋属詞・不定詞）～のようだ，～のように見える［思われる］，～しているように見える［思われる］
⧄	620	**sentir**	～を感じる，～の匂いがする ▶ se sentir ... 自分が～だと感じる 〈過去分詞 **senti**〉
⧄	621	**séparer**	～を分ける ▶ se séparer (de ...) （～と）別れる
⧄	622	**serrer**	～を締める，握る
⧄	623	**servir**	～に役に立つ，給仕する ▶ **se servir** （料理）を自分で取る，(de ＋もの）～を使う 〈過去分詞 **servi**〉
⧄	624	**skier**	スキーをする
⧄	625	**soigner**	～の世話をする，看護する

626	**sonner**	～を鳴らす，鳴る
627	**souffrir**	苦しむ　〈過去分詞 **souffert**〉
628	**souhaiter**	～を願う，望む，（que ＋接続法）～ということを願う
629	**sourire**	ほほえむ　〈過去分詞 **souri**〉
630	**suffire**	足りる，（Il suffit de ＋不定詞・名詞）～すれば十分である，～で十分である 〈過去分詞 **suffi**〉
631	**suivre**	（授業）を受ける，～の後に続く 〈過去分詞 **suivi**〉
632	**surprendre**	～を驚かせる　〈過去分詞 **surpris**〉
633	**surveiller**	～を監視する
634	**tenir**	～を持っている　〈過去分詞 **tenu**〉
635	**terminer**	～を終える，完了する
636	**tirer**	～を引く，引っ張る
637	**tomber**	落ちる，転ぶ
638	**toucher**	～に触る
639	**tourner**	曲がる，～を回す
640	**traduire**	～を翻訳する　〈過去分詞 **traduit**〉
641	**traverser**	～を横切る
642	**trouver**	～を見つける，～だと思う ▸ **se trouver ...**　～にいる，ある
643	**tuer**	～を殺す

644	**utiliser**	～を利用する
645	**valoir**	～の価値がある，（Il vaut mieux ＋不定詞）～する方がいい，（Il vaut mieux que ＋接続法）～である方がいい　〈過去分詞 **valu**〉
646	**vendre**	～を売る　▸ **se vendre**　売れる，売れている　〈過去分詞 **vendu**〉
647	**venir**	来る，（＋不定詞）～しに来る，（de ＋不定詞）～したところだ　〈過去分詞 **venu**〉
648	**visiter**	（場所）を訪れる，見物する
649	**vivre**	生きる　〈過去分詞 **vécu**〉
650	**voir**	～を見る　▸ **se voir**　会う　〈過去分詞 **vu**〉
651	**voler**	～を盗む，飛ぶ
652	**vouloir**	（＋名詞）～を望む，～が欲しい，（＋不定詞）～したい，（que ＋接続法）～することを望む　〈過去分詞 **voulu**〉

4. 副詞

1） -ment で終わる副詞 🎧 106

注 -ment で終わる副詞は形容詞の女性形に **-ment** をつけて作ります．

actuel → actuelle → actuelle**ment**

e で終わる形容詞の場合はそのまま -ment をつけます．rapide → rapide**ment**

⧄	653	**actuellement**	現在，今
⧄	654	**complètement**	完全に，まったく
⧄	655	**difficilement**	苦労して，（否定的に）なかなか（～しにくい）
⧄	656	**également**	同様に，同じく
⧄	657	**exactement**	正確に，まさしく
⧄	658	**facilement**	簡単に
⧄	659	**gratuitement**	ただで
⧄	660	**gravement**	ひどく，深刻に
⧄	661	**heureusement**	幸いにして
⧄	662	**justement**	まさに，ちょうど
⧄	663	**lentement**	ゆっくりと
⧄	664	**malheureusement**	残念ながら
⧄	665	**rapidement**	急速に
⧄	666	**rarement**	まれに，めったに～ない
⧄	667	**régulièrement**	定期的に
⧄	668	**seulement**	ただ～だけ
⧄	669	**simplement**	単に，簡単に
⧄	670	**sûrement**	確かに，必ず

671	**tellement**	とても，非常に
672	**terriblement**	非常に
673	**tranquillement**	静かに，落ち着いて
674	**tristement**	悲しげに
675	**uniquement**	ただ，単に

例外

676	**absolument**	絶対に
677	**évidemment**	もちろん，当然に
678	**vraiment**	本当に，実際に

2) その他の副詞 107

679	**ailleurs**	別な場所で，よそに
680	**ainsi**	そのように
681	**alors**	そのとき，それでは
682	**assez**	かなり，十分に
683	**aussi**	～もまた，（＋形容詞・副詞 ＋ que ...）…と同じぐらい～
684	**autant**	(que ...) …と同じぐらい，(de ＋名詞＋ que ...) …と同じぐらいの～
685	**autrefois**	昔
686	**beaucoup**	たくさん
687	**bien**	よく，上手に ↔ **mal**

688	**bientôt**	間もなく
689	**dehors**	外で　↔ **dedans**　中で
690	**déjà**	すでに
691	**donc**	したがって
692	**encore**	まだ，さらに，もっと
693	**enfin**	最後に
694	**ensemble**	一緒に
695	**ensuite**	次に
696	**environ**	およそ，約，～くらい
697	**juste**	ちょうど
698	**longtemps**	長い間
699	**mal**	悪く，下手に　↔ **bien**
700	**même**	～でさえも，～さえ
701	**mieux**	よりよく
702	**moins**	（形容詞・副詞＋ que ...）…より少なく～，（動詞＋ moins que ...）…より少なく～する，（de ＋名詞＋ que ...）…より少ない～
703	**parfois**	ときどき，時折
704	**partout**	どこでも，至るところ
705	**peu**	ほとんど～ない　▶ **un peu**　少し
706	**plus**	（形容詞・副詞＋ que ...）…よりもっと～，（動詞＋ plus que ...）…より多く～する，（de ＋名詞＋ que ...）…より多くの～

707	**plutôt**	むしろ
708	**presque**	ほとんど
709	**quelquefois**	ときどき
710	**souvent**	しばしば，よく
711	**surtout**	特に，とりわけ
712	**tard**	遅く
713	**tôt**	早く
714	**toujours**	いつも，常に
715	**très**	非常に，とても
716	**trop**	あまりに，過度に
717	**vite**	速く

5. 前置詞

1） 基本的な前置詞

☐ 718 **à** ～に，～へ，～で

時間	**à** 5 heures 5時に， **à** midi 正午に， **à** minuit 午前0時に， **à** 10 minutes de la gare 駅から10分の所に
場所	**à** Marseille マルセイユに， **à** Okinawa 沖縄に， **à** la montagne 山に， **à** la campagne 田舎に， **à** l'aéroport 空港で， **à** l'hôpital 病院で， **à** la poste 郵便局で， **au** bureau 会社で， **à** la télévision テレビで， **à** la radio ラジオで
所有	Cette voiture est **à** mon père. この車は私の父のものです． C'est **à** moi. それは私のものです．
値段	un menu **à** 15 euros 15ユーロの定食， un timbre **à** 1 euro 1ユーロの切手
その他	**à** pied 歩いて， **à** vélo 自転車で， **à** droite 右に， **à** gauche 左に

☐ 719 **après** ～以後に，～のあとで（に）

時間	**après** 5 heures 5時以降に， **après** le cours 授業のあとに， **après** cet accident その事故のあとに
場所	**après** l'église 教会を超した所に

☐ 720 **avant** ～前に，～までに，**avant de** ～する前に

時間	**avant** 8 heures 8時前に， 8時までに， **avant** son départ 彼が出発する前に

行為	**avant** de partir　出発する前に
場所	**avant** l'église　教会の手前に

□ 721　avec　～を使って，～と一緒に，～を持って，～がついた

手段	**avec** un ordinateur　コンピュータで，　**avec** un peu plus d'efforts　もう少しの努力で，　**avec** votre aide　あなたの助けで，　**avec** une cuillère　スプーンで
その他	**avec** un ami　友達と一緒に，　**avec** lui (elle, eux...)　彼，彼女，彼ら…と一緒に，　**avec** du beurre　バターをつけて，　une chambre **avec** douche　シャワー付きの部屋

□ 722　dans　～の中で［に］，～において，～の期間［年代，時代］に，～（時間）後に

場所	**dans** l'escalier　階段で，　**dans** un café　カフェで，　**dans** la rue　通りで，　**dans** cette ville　この町で，　**dans** cette région　この地方で，　**dans** le journal　新聞で，　**dans** mon sac　私のバッグの中に
時間・時期	**dans** dix minutes　10分後に，　**dans** une semaine　1週間後に，　**dans** la journée　昼間に，　**dans** mon enfance　私が子供の頃，　**dans** sa jeunesse　彼が若い時，　**dans** le futur　将来に
その他	**dans** un accident　事故で，　**dans** une situation difficile　苦しい状況で

☐ 723 **de** 〜の，〜からの

所属	C'est le chat **de** mon voisin.　私の隣人の猫です． Ce sont les enfants **de** mon frère.　彼らは兄の子供たちです． Demain, c'est l'anniversaire **de** mon père.　明日は私の父の誕生日です．
出身	Je suis **de** Kyoto.　私は京都の出身です．
出発点	Je pars **de** la maison à 7 heures.　私は 7 時に家を出ます． Elle a sorti un mouchoir **de** son sac. 彼女はバッグからハンカチを取りだしました．
始まり	Je suis à la maison **de** 10 heures à midi. 私は 10 時から正午まで家にいます．

☐ 724 **en** 〜に，〜で，（材質）〜でできた

場所	**en** France　フランスで，　**en** Europe　ヨーロッパで，　**en** Asie　アジアで，　**en** banlieue　郊外に，　**en** ville　町に
時間	**en** 2018　2018 年に，　**en** décembre　12 月に，　**en** été　夏に 注　**au** printemps　春は，　**en** une journée　1 日で， **en** une demi-heure　半時間で，　**en** trente minutes　30 分で
交通手段	**en** voiture　車で，　**en** train　電車で，　**en** métro　地下鉄で，　**en** avion　飛行機で，　**en** bus　バスで，　**en** taxi　タクシーで
その他（状態，材質，通貨など）	parler **en** français　フランス語で話す，　traduire **en** japonais　日本語に訳す，　**en** première année de l'université　大学 1 年生に，　**en** bois　木造・木製の，　**en** plastique　ビニールの，　**en** bonne santé　健康な，　**en** forme　元気な，　**en** pyjama　パジャマ姿で，　**en** uniforme　制服で，　**en** groupe　グループで，　**en** famille　家族で，　**en** vacances　休暇中，　**en** voyage　旅行中，　**en** euro　ユーロで，　**en** yen　円で，　**en** fleur(s)　花が咲いた

☐ 725 **par** ～を通って，～から，～につき，～で，～によって（動作主）

（通過する）場所	passer **par** la fenêtre 窓から入る， regarder **par** la fenêtre 窓から眺める Entrez **par** ici. こちらからお入り下さい． Passez **par** Bordeaux. ボルドーを経由して下さい． Passe **par** la boulangerie. パン屋に寄ってきて．
（回数などの）単位	trois fois **par** jour [**par** semaine, **par** mois, **par** an] 1日［1週，ひと月，1年］につき3回 Il gagne deux mille euros **par** mois. 彼は月に2000ユーロ稼ぐ．
手段・方法	**par** avion 航空便で， **par** bateau 船便で， **par** carte カードで， **par** courrier 郵便で
動作主	Il a été félicité **par** son professeur. 彼は先生にほめられた．

☐ 726 **pour** ～（期間・時期）の予定で，～のために（の），～に向かって

（予定の）期間	**pour** un an 1年間の予定で， **pour** 5 jours 5日の予定で C'est **pour** ce soir. それは今晩です．
目的・目的地・対象	**pour** maigrir やせるために， **pour** réussir 成功するために， partir **pour** la France フランスに出発する， un train **pour** l'Italie イタリア行きの列車， **pour** l'examen 試験のために， **pour** mon plaisir 楽しみのために， **pour** moi-même 自分自身のために， **pour** ma famille 私の家族のために， un livre **pour** enfant 児童書， un cadeau **pour** toi 君へのプレゼント

☐ 727 **sans** ～なしに，～せずに

人・もの・行為	**sans** lui 彼なしで， **sans** parapluie 傘なしで， **sans** manger 食べずに， **sans** rien acheter 何も買わずに

⧄ 728 **sous** 〜の下に

場所	**sous** la table テーブルの下に, **sous** la douche シャワー中, **sous** le bras わきに抱えて
天候	**sous** la pluie 雨の中を, **sous** la neige 雪の中を

⧄ 729 **sur** 〜の上に（で）, 〜に関して

場所	**sur** la table テーブルの上に, **sur** un banc ベンチに・で, **sur** la plage 海岸に・で, **sur** le mur 壁に, **sur** Internet インターネットで, **sur** cette photo この写真では, **sur** votre gauche 左手に
主題	**sur** ce point この点に関して, **sur** ce problème この問題について

2） その他の基本的な前置詞

⧄ 730 **chez** 〜の家に,（医者）に, 〜のお店で	**chez** des amis 友達の家で, **chez** moi 私の家で, **chez** le médecin 医者に
⧄ 731 **comme** 〜のように, 〜のような, 〜として	**comme** moi 私のように, **comme** mon père 私の父のように, **comme** dessert [boisson] デザート［飲み物］として, **comme** médecin 医者として
⧄ 732 **contre** 〜に反対して, 〜に寄りかかって	**contre** ce projet その計画に反対して, **contre** nous 私たちに反対して Il a mis son lit **contre** le mur. 彼はベッドを壁にぴったりくっつけました.
⧄ 733 **depuis** 〜から, 〜以来	**depuis** 2 ans 2年前から, **depuis** lundi 月曜日から, **depuis** ma naissance 生まれてから

☐ 734 **jusqu'à** ～まで	**jusqu'à** 8 heures　8 時まで， **jusqu'à** la gare　駅まで
☐ 735 **derrière** ～の後ろに	**derrière** la banque　銀行の後ろに
☐ 736 **devant** ～の前に	**devant** la gare　駅前に， **devant** sa maison　彼の家の前に
☐ 737 **dès** ～から（すぐに）	**dès** maintenant　今から， **dès** mercredi　水曜日から
☐ 738 **entre ... (et ...)** （～と）～の間で	**entre** lui **et** moi　彼と私の間で， **entre** 30 **et** 40 ans　30 歳から 40 歳の間に J'hésite **entre** ces 2 sacs. この 2 つのバッグの間で迷っています．
☐ 739 **parmi** （3 つ以上のもの）の中で，～の間で	**parmi** mes amis　私の友達の中で， **parmi** vous　あなたたちの間では
☐ 740 **pendant** ～の間（に）	**pendant** deux heures　2 時間， **pendant** les vacances　休暇中に
☐ 741 **selon** ～によれば，～に応じて	**selon** le journal　新聞によれば， **selon** lui　彼によれば， **selon** les endroits　場所によって
☐ 742 **vers** （方向）～に向かって，～の方へ，（時刻）～頃	**vers** le centre-ville　町の中心に向かって， **vers** 6 heures　6 時頃

練習問題

下の①〜⑥の中から適切な前置詞を選び，解答欄のその番号を（　　）内に記入しなさい．ただし，同じものを複数回用いることはできません．

1.

1) Qu'est-ce que tu vas faire (　　　　　) les vacances ?

バカンスの間は何をする予定ですか？

2) Vous êtes né (　　　　　) quelle année ?

あなたは何年に生まれましたか？

3) Le chat est entré (　　　　　) la fenêtre.　猫は窓から入りました．

4) Ce stylo n'est pas (　　　　　) moi.　このペンは私のものではありません．

| ① à | ② chez | ③ en | ④ par | ⑤ parmi | ⑥ pendant |

2.

1) Nous partirons pour Madrid (　　　　　) une semaine.

私たちは 1 週間後にマドリードに出発します．

2) Je vais rentrer à la maison (　　　　　) 6 heures ce soir.

私は今夜は 6 時頃家に帰る予定です．

3) Ma famille est (　　　　　) Sendai.　私の家族は仙台出身です．

4) Je voudrais une chambre (　　　　　) bain.

風呂付きの部屋が欲しいのですが．

| ① avec | ② dans | ③ de | ④ vers | ⑤ selon | ⑥ sur |

【解答】 **1.** 1) ⑥ **pendant** 2) ③ **en** 3) ④ **par** 4) ① **à**
2. 1) ② **dans** 2) ④ **vers** 3) ③ **de** 4) ① **avec**

3.

1) Il est monté (　　　　　) sa nouvelle voiture.

彼は自分の新しい車に乗り込みました.

2) J'ai vu trois films (　　　　　) cinq jours.

私は 5 日間で 3 本の映画を見ました.

3) Je dois étudier (　　　　　) mes examens.

私は試験勉強をしなければならない.

4) Nous sommes rentrés (　　　　　) la pluie.

私たちは雨の中を帰りました.

① chez	② dans	③ en	④ par	⑤ pour	⑥ sous

4.

1) Je téléphone à mes parents 2 fois (　　　　　) semaine.

私は 1 週間に 2 回両親に電話します.

2) Nous allons prendre le menu (　　　　　) 23 euros.

私たちは 23 ユーロの定食にします.

3) Je suis sorti (　　　　　) parapluie.

私は傘なしで出かけました.

4) (　　　　　) mes sacs, c'est celui-ci que je préfère.

私のバッグの中で，私が一番好きなのはこれです.

① à	② en	③ par	④ parmi	⑤ sans	⑥ sous

【解答】 **3.** 1) ② **dans** 2) ③ **en** 3) ⑤ **pour** 4) ⑥ **sous**
4. 1) ③ **par** 2) ① **à** 3) ⑤ **sans** 4) ④ **Parmi**

5.

1) Je suis en colère (　　　　) lui.

私は彼に怒っています.

2) Il sera au bureau demain (　　　　) 9 heures à midi.

彼は明日 9 時から正午までは会社にいるでしょう.

3) J'ai lu cette nouvelle (　　　　) Internet.

私はインターネットでそのニュースを読みました.

4) Qu'est-ce que vous prenez (　　　　) boisson ?

飲み物は何になさいますか？

① à	② comme	③ contre	④ de	⑤ entre	⑥ sur

6.

1) Nous avons regardé un film (　　　　) la télévision hier soir.

私たちは昨夜はテレビで映画を見ました.

2) Il était encore (　　　　) pyjama à midi.

彼は正午でもまだパジャマ姿でした.

3) Il y a un grand parc (　　　　) notre maison.

私たちの家の後ろには広い公園があります.

4) Je voudrais réserver 2 places (　　　　) samedi soir.

土曜日の夜に 2 人分の席を予約したいのですが.

① à	② derrière	③ en	④ par	⑤ pour	⑥ sous

【解答】 **5.** 1) ③ **contre** 2) ④ **de** 3) ⑥ **sur** 4) ③ **comme**
6. 1) ① **à** 2) ③ **en** 3) ② **derrière** 4) ⑤ **pour**

7.

1) Je vais (　　　) le dentiste demain.

私は明日歯医者に行きます.

2) (　　　) la météo, il fera beau demain.

天気予報によれば，明日は晴れるでしょう.

3) Je travaille (　　　) 20 heures.

私は 20 時まで仕事をします.

4) Il a sorti ses lunettes (　　　) son sac.

彼は鞄から眼鏡を出しました.

① chez	② de	③ devant	④ jusqu'à	⑤ pour	⑥ selon

8.

1) J'ai lu un livre (　　　) ce peintre.

私はこの画家についての本を読みました.

2) Elle est malade (　　　) deux jours.

彼女は 2 日前から病気です.

3) La plupart des étudiants sont (　　　) ce projet.

学生の大部分はその計画に反対です.

4) Prenez la première rue (　　　) droite.

最初の道を右に曲がって下さい.

① à	② contre	③ en	④ par	⑤ sur	⑥ depuis

【解答】 7. 1) ① **chez** 2) ⑥ **Selon** 3) ④ **jusqu'à** 4) ② **de**
8. 1) ⑤ **sur** 2) ⑥ **depuis** 3) ② **contre** 4) ① **à**

6. 否定表現

⧄ 743	**ne ＋動詞＋ pas** ～ない	Nous **n'**avons **pas** d'argent. 私たちはお金がありません. **注 ne ＋活用している動詞＋ pas ＋不定詞** Je **n'**aime **pas** nager. 私は泳ぎが好きではありません. Je **ne** veux **pas** le voir. 私は彼に会いたくありません. **複合過去：ne ＋助動詞＋ pas など＋過去分詞**
⧄ 744	**ne ... pas du tout** まったく～ない	Je **n'**ai **pas du tout** faim. 私はまったくお腹がすいていません.
⧄ 745	**ne ... pas encore** まだ～ない	Je **n'**ai **pas encore** fini mes devoirs. 彼はまだ宿題を終えていません.
⧄ 746	**ne ... pas toujours** いつも～というわけではない	Il **ne** fait **pas toujours** du sport. 彼はいつもスポーツをしているわけではありません.
⧄ 747	**ne ... plus** もう～ない	Je **ne** le vois **plus**. 彼にはもう会いません.
⧄ 748	**ne ... que ～** ～しか…ない	Elle **n'**a **qu'**un cours aujourd'hui. 彼女は今日は授業は１つしかありません.
⧄ 749	**ne ... jamais** 決して～ない, 一度も～ない	Je **ne** suis **jamais** allé dans ce musée. 私は一度もその美術館へ行ったことがありません.
⧄ 750	**ne ... plus jamais** もう二度と～ない	Je **ne** viendrai **plus jamais** dans cette ville. 私はもう二度とこの町に来ないでしょう.

☐ 751 **ne ... personne** 誰も～ない	Non, il **n'**y a **personne** à la maison. いいえ，家には誰もいません. (Il y a **quelqu'un** à la maison ? 家には誰かいますか？)
☐ 752 **(Personne ne ...)** 誰も～ない	**Personne ne** répond. 誰も電話に出ません.
☐ 753 **ne ... plus personne** もう誰も～ない	Il **n'**y a **plus personne** à la gare. 駅にはもう誰もいません.
☐ 754 **ne ... rien** 何も～ない	Non, je **ne** bois **rien**. いいえ，私は何も飲みません. (Tu bois **quelque chose**？ 君は何か飲みますか？)
☐ 755 **(rien ... ne)**	**Rien n'**a changé depuis notre départ. 私たちが出発してから何も変わっていません.
☐ 756 **ne ... plus rien** もう何も～ない	Nous **n'**avons **plus rien** à faire ici. ここにはもう何もすることがありません.
☐ 757 **ne ... aucun(e) ～** どんな～も…しない， …でない	Nous **n'**avons **aucune** nouvelle de lui. 私たちは彼からまったく便りがありません.
☐ 758 **(Aucun(e) ～ ne ...)** どんな～も…ない	**Aucun** étudiant **n'**était absent au cours. どの学生も授業には欠席していませんでした.
☐ 759 **ne ... pas ～ ni ～** ☐ 760 **ne ... ni ～ ni ～** ～も～も…ない， …しない	Je **n'**ai **pas** de frère **ni** de sœur. Je **n'**ai **ni** frère **ni** sœur. 私は兄弟も姉妹もいません.

7. よく使われる不定代名詞・不定形容詞

761	**autre(s)** 別の，もう１つ， 他のもの（人）	On se verra une **autre** fois. また今度会いましょう．
762	**autre chose** 別のもの（こと）	Désirez-vous **autre chose** ? 何か**他のもの**が欲しいですか？
763	**chacun(e)** おのおの，誰でも	**Chacun** doit payer 15 euros. **１人** 15 ユーロ払わなければなりません． Il y a un cadeau pour **chacun**. みんな**それぞれに**プレゼントがあります．
764	**chaque** それぞれの，毎～ ▷ 単数形のみ．	**Chaque** matin, je promène mon chien. **毎**朝，私は犬を散歩させます．
765	**On** 人は（不特定の人， 人々は），私たちは， など． ▷ 主語としてだけ使われてる．	**On** boit beaucoup de thé au Japon. 日本ではよくお茶を飲みます． **On** y va ? 行きましょうか？
766	**plusieurs** いくつかの（何人もの），いくつもの	J'ai vu **plusieurs** bons films dans ce cinéma. 私はこの映画館で，よい映画を**何本か**見ました．
767	**quelqu'un** 誰か，ある人	**Quelqu'un** a téléphoné ce matin ? 今朝，**誰か**電話してきましたか？

☐ 768 **quelque(s)** 何らかの, (複で) いくつかの	Je l'ai vu il y a **quelques** jours. 私は数日前に彼に会いました.
☐ 769 **quelque chose** 何か, あるもの	Tu veux manger **quelque chose** ? 何か食べたいですか？
☐ 770 **tout, toute, tous, toutes** すべて (の) ▷ 不定形容詞	Il a plu **tout** le temps. ずっと雨でした. J'ai **tout** ce qu'il faut. 私は必要なものはすべて持っています. J'ai travaillé **toute** la journée. 私は 1 日中, 仕事をしました. Je prends le train **tous** les jours. 私は毎日, 電車に乗ります. Elle a passé **toutes** ses vacances à étudier. 彼女はバカンス中ずっと勉強をしました.
すべて, すべての人 ▷ 不定代名詞	Ce sera **tout**. 以上です. Vous êtes **tous** là ? みんないますか？ 注 代名詞として「tous」は [tus] と発音される.
まったく, 非常に ▷ 副詞, 形容詞・副詞を修飾する.	C'est **tout** droit. まっすぐです. Il est allé **tout** seul à Paris 彼はたった 1 人でパリに行ってきました. Nous habitons **tout** près de la gare. 私たちは駅のすぐ近くに住んでいます.

注 ne ... aucun(e) ～, ne ... personne, ne ... rien に関しては, 否定表現 (p.180～p.181) を参照.

8. 疑問代名詞・疑問副詞・疑問形容詞・関係代名詞・接続詞

1） 疑問代名詞 ▶3 語

単純形（qui，que，前置詞＋ qui，前置詞＋ quoi）の場合は主語と動詞を倒置します．複合形（... est-ce que，... est-ce qui）の場合は倒置せず，主語＋動詞とします．

疑問の対象	主語	直接目的補語・属詞	間接目的語・状況補語
人	**Qui ＋動詞（誰が）** **Qui** a téléphoné ? 誰が電話をしてきたのですか？ **Qui est-ce qui ＋動詞** **Qui est-ce qui** a téléphoné ?	**Qui ＋動詞＋主語（誰を）** **Qui** aimes-tu comme acteur ? 俳優は誰が好きですか？ **Qui est-ce que ＋主語＋動詞** **Qui est-ce que** tu aimes comme acteur ?	**前置詞＋ qui ＋動詞＋主語（誰に（と））** **À qui** parle t-il ? 彼は誰に話しているのですか？ **前置詞＋ qui est-ce que ＋主語＋動詞** **Avec qui est-ce que** tu déjeunes ? 君は誰と昼食を食べるのですか？
もの	▷ 主語となるものを聞くための単純形はありません． **Qu’est-ce qui ＋動詞（何が）** **Qu’est-ce qui** ne va pas ? 何がうまくいかないのですか？	**Que ＋動詞＋主語（何を）** **Que** fais-tu ce soir ? 今夜は何をするのですか？ **Qu’est-ce que ＋主語＋動詞** **Qu’est-ce que** tu fais ce soir ?	**前置詞＋ quoi ＋動詞＋主語（何に）** **À quoi** penses-tu ? 何を考えているのですか？ **前置詞＋ quoi est-ce que ＋主語＋動詞** **De quoi est-ce que** tu parles ? 何について話しているのですか？

2) 疑問副詞

☑ 774 **Où** どこ	**Où** travaillez-vous ? **Où est-ce que** vous travaillez ? あなたは**どこで**働いているのですか？
☑ 775 **Quand** いつ	**Quand** partez-vous en vacances ? **Quand est-ce que** vous partez en vacances ? あなたは**いつ**バカンスに出発するのですか？
☑ 776 **Pourquoi** なぜ	**Pourquoi** dois-tu aller chez le médecin ? **Pourquoi est-ce que** tu dois aller chez le médecin ? 君は**なぜ**医者に行かなければならないのですか？ （答え **Parce que** je suis malade. 病気**だから**です.） **Pourquoi** est-elle absente au cours ? 彼女は**なぜ**授業を欠席しているのですか？
☑ 777 **Combien** （数量を問う） いくつ，いくら 注 combien de ＋ 無冠詞名詞	**Combien** de frères et sœurs avez-vous ? **Combien** de frères et sœurs est-ce que vous avez ? あなたは兄弟・姉妹が**何人**いますか？
☑ 778 **Comment** （状態を問う） どのように～	**Comment** viens-tu à l'université ? **Comment** est-ce que tu viens à l'université ? 君は大学に**どうやって**くるのですか？ **Comment** vous appelez-vous ? あなたのお名前は**何と**おっしゃいますか？

注 日常会話で疑問副詞を文頭に持ってこないこともある. Tu habites **où** ?

3) 疑問形容詞

a. **Quel, quelle, quels, quelles**

「どんな」「何の」を意味する形容詞で後ろに来る名詞，主語の名詞の性・数によって変化する.

⧄ 779

	単数	複数
男性	**quel**	**quels**
女性	**quelle**	**quelles**

Quel âge as-tu ? – J'ai vingt ans.

何歳ですか？ － 20 歳です.

Quel sport aimez-vous ? – J'aime le judo.

あなたは**何の**スポーツが好きですか？ － 私は柔道が好きです.

Quelle heure est-il ? – Il est 11 heures.

何時ですか？ － 11 時です.

À quelle heure êtes-vous arrivés ? – À 3 heures.

あなたたちは**何**時に着きましたか？ － 3 時です.

Vous habitez dans **quel** arrondissement ? あなたは**何**区に住んでいるのですか？

– Dans le cinquième (arrondissement). － 5 区です.

Quel temps fait-il ? – Il ne fait pas très beau.

どんな天気ですか？ － あまりよい天気ではありません.

b. **Lequel, laquelle, lesquels, lesquelles**（いくつかあるものの中で，「どれ」と聞くときに使います.）

⧄ 780

	単数	複数
男性	**lequel**	**lesquels**
女性	**laquelle**	**lesquelles**

Lequel de ces sacs préférez-vous ? – Je préfère celui-ci.

これらのバッグの中で**どれが**好きですか？　– 私はこれが好きです．

Laquelle de ces cravates préférez-vous ? – Je préfère celle-ci.

これらのネクタイの中で**どれが**好きですか？　– 私はこれが好きです．

4）関係代名詞

a. qui, que, dont, où

⧄ 781 **qui** ▷ 先行詞（人・もの）が関係詞節の主語になる．	Les livres **qui** sont sur la table sont pour toi. テーブルの上にある本は君のためです．
⧄ 782 **que** ▷ 先行詞（人・もの）が関係詞節の動詞の直接目的語または属詞となる．	C'est la voiture **que** j'ai achetée le mois dernier. これは私が先月買った車です． Mange ce **que** tu veux. 好きなものを食べなさい． 注 que は ce を先行詞とすることがあります．
⧄ 783 **dont** ▷ 前置詞 de ＋先行詞（人・もの）に代わる．	C'est une exposition **dont** on parle beaucoup. これはとても話題になっている展覧会です．
⧄ 784 **où** ▷ 先行詞が場所または時を示す．	Bordeaux est la ville **où** il est né. ボルドーは彼が生まれた町です． Le jour **où** je l'ai rencontré, il neigeait. 私が彼に会った日は，雪が降っていました．

前置詞＋ qui　先行詞は人に限られる．

C'est une amie **avec qui** je suis allé au lycée.

あの人は一緒に高校に通った友達です．

C'est ＋主語＋ qui ...　主語の強調構文．

C'est moi **qui** t'invite ce soir.　今夜あなたを招待するのは私です．

b. 前置詞 à・de を伴う関係代名詞 **(lequel, laquelle, lesquels, lesquelles)**

	男性単数	女性単数	男性複数	女性複数
	lequel	**laquelle**	**lesquels**	**lesquelles**
à を伴う（縮約）	**auquel**	**à laquelle**	**auxquels**	**auxquelles**
de を伴う（縮約）	**duquel**	**de laquelle**	**desquels**	**desquelles**

練習問題

①〜③の中から適切な関係代名詞を選びなさい.

1) C'est une copine à (① dont ② que ③ qui) je téléphone souvent.
2) Ce sont des voisins avec (① dont ② que ③ qui) je sors parfois.
3) C'est le restaurant dans (① lequel ② où ③ que) nous avons mangé il y a un an.
4) La réunion à (① qui ② laquelle ③ quoi) je dois assister va finir vers 17h.
5) Nous allons prendre l'avion (① dont ② lequel ③ qui) part à 8 heures.
6) J'ai vu le film (① dont ② que ③ lequel) tu m'as parlé.
7) Achète ce (① que ② qui ③ dont) tu veux.
8) Ce n'est pas le dessert (① dont ② lequel ③ que) j'ai choisi.
9) J'ai une amie (① dont ② que ③ qui) la sœur est musicienne.

【解答】 1) ③ **qui** 2) ③ **qui** 3) ① **lequel** 4) ② **laquelle** 5) ③ **qui** 6) ① **dont** 7) ① **que** 8) ③ **que** 9) ① **dont**

10) C'est le professeur avec (① dont ② que ③ qui) nous avons voyagé en Chine.

11) C'est l'université (① que ② comment ③ où) il travaille.

12) Voici les photos (① dont ② lesquelles ③ que) nous avons prises hier.

13) C'est ce dessert (① dont ② lequel ③ que) j'ai envie.

14) C'est une étudiante (① dont ② laquelle ③ qui) est très bonne en français.

15) C'est le vélo (① dont ② lequel ③ que) je veux acheter.

16) C'est l'année (① que ② quoi ③ où) je suis allé en France.

【解答】 10) ③ **qui** 11) ③ **où** 12) ③ **que** 13) ① **dont** 14) ③ **qui** 15) ③ **que** 16) ③ **où**

5) 接続詞

a. et, mais, ou

☐ 785 **et** 〜と，そして	Nous avons déjeuné **et** nous sommes sortis. 私たちは昼食を食べ，出かけました．
☐ 786 **mais** でも，しかし	Je suis allé chez lui **mais** il n'y avait personne. 私は彼の家に行きましたが，誰もいませんでした．
☐ 787 **ou** または，あるいは	Tu prends un café **ou** un thé ? コーヒーにしますか？**それとも**紅茶にしますか？

b. car, comme, lorsque, quand, parce que, pendant que, si

☐ 788 **car** というのは （〜だから）	J'ai sommeil, **car** je n'ai pas bien dormi. 眠いよ，よく眠れなかったから．

☐ 789 **comme** （理由）〜なので ▷ 文頭に置く.	**Comme** il ne va pas bien, il reste chez lui. 彼は調子がよくないので，家にいます.
☐ 790 **lorsque** 〜するときに ▷ quand よりも改まった語.	**Lorsqu**’il y a eu cet accident, nous n’étions pas ici. その事故が起こったとき，私たちはここにいませんでした.
☐ 791 **quand** 〜ときに	Elle lisait le journal **quand** il est arrivé. 彼が着いたとき，彼女は新聞を読んでいました.
☐ 792 **parce que** なぜなら （〜だから）	Il est absent **parce qu**’il est malade. 彼は病気なので，欠席しています.
☐ 793 **pendant que** 〜する間に，している間中	Elle regarde la télévision **pendant qu**’il fait la cuisine. 彼が料理をしている間, 彼女はテレビを見ています.
☐ 794 **si**（仮定・条件を導く） もし〜ならば ▷ 現在のことと反対のことを仮定する場合，あるいはあまり可能性がないことを仮定する場合は，**si＋半過去〜，条件法現在**とする. ▷ … 間接疑問を導く.	**Si** j’ai du temps demain, j’irai au musée. もし明日時間があったら，美術館に行きます. **S**’il fais**ait** beau, je sortir**ais**. 天気がよかったら，外出するのだけど. **Si** je deven**ais** riche, je voyager**ais** dans le monde entier. 私は金持ちになれば，世界中を旅行するのだが. Je ne sais pas encore **si** je pourrai aller avec vous. あなたと一緒に行けるかどうかまだわかりません.

5

索引

1. 「基本熟語」見出し語索引
2. 「テーマ別・品詞別基本語彙」見出し語索引

「基本熟語」見出し語索引

● 太字になっている熟語は，「2　基本熟語」に掲載されている見出し語です．細字の熟語は関連語などとして載っている熟語です．ただし，本文中で太字になっているものは，太字にしました．

● 太字の右にある数字は，見出し語として掲載されているページ数です．

「テーマ別・品詞別基本語彙」見出し語索引

- 太字になっている単語は，「3 テーマ別・4 品詞別基本語彙」に掲載されている見出し語(句)です．細字の熟語は関連語などとして載っている単語です．ただし，本文中で太字になっているものは，太字にしました．
- 太字の右にある数字は，見出し語(句)として掲載されているページ数です．
- 天候の表現，時刻，時を表す表現は省略しました．

O

P

T

U

著者紹介

マリ・ガボリオ　（Marie Gaboriaud）

フランス国立東洋言語文化学院（INALCO）日本語学科修士課程修了．

フランス国立社会科学高等研究院（EHESS）現代日本研究センター D.E.A. 取得．

東北大学教育学部博士後期課程（単位取得退学）．

慶應義塾大学名誉教授．専門はフランス語教授法，地域研究（日本農村社会等）．

NHKラジオフランス語講座入門編の講師を務める．

主要著書

『フランス語 第四部』（共著：慶應義塾大学出版会）

『グラメール・オ・コティディアン』（共著：第三書房）

『新版 仏検合格 熟語＋単語 3級』（共著：三修社）

小石　悟　（こいし　さとる）

東京大学卒．東京外語大学大学院修士課程修了．

獨協大学名誉教授．専門はフランス語教授法，フランス語学．

主要著書

『コレクション・フランス語 入門・初級』（共著：白水社）

『J'aime ! I・II』（共著：東京日仏学院）

『グラメール・オ・コティディアン』（共著：第三書房）

『マルシェオピュス』（共著：白水社），『フランス語学の諸問題 I・II』（共著：三修社）

『新版 仏検合格 熟語＋単語 3級』（共著：三修社）

●音声ダウンロード・ストリーミング

1. PC・スマートフォンで本書の音声ページにアクセスします。

https://www.sanshusha.co.jp/np/onsei/isbn/9784384060652/

2. シリアルコード「06065」を入力.
3. 音声ダウンロード・ストリーミングをご利用いただけます。

新版《しんぱん》 仏検合格《ふつけんごうかく》 熟語《じゅくご》＋《プラス》単語《たんご》 ３級《きゅう》

2023 年 1 月 20 日　　第 1 刷発行

著　　者 ―― マリ・ガボリオ
　　　　　　小石　悟
発 行 者 ―― 前田俊秀
発 行 所 ―― 株式会社 三修社
　　　　　　〒 150-0001 東京都渋谷区神宮前 2-2-22
　　　　　　TEL 03-3405-4511　FAX 03-3405-4522
　　　　　　振替 00190-9-72758
　　　　　　https://www.sanshusha.co.jp
　　　　　　編集担当 菊池 暁
印刷・製本 ―― 壮光舎印刷株式会社

 ISBN978-4-384-06065-2 C1085

表紙デザイン　Izumiya（岩泉卓屋）
編集協力　伊藤晴基
　　　　　有限会社トライアングル
音声制作　高速録音株式会社